U0652866

权力论：
现代权力的法律性质

A Theory of Power:
The legal nature of modern power

崔福臣 ◎ 著

吉林大学
· 长春 ·
出版社

图书在版编目（CIP）数据

权力论：现代权力的法律性质 ／ 崔福臣著. —— 长
春：吉林大学出版社，2022.9
ISBN 978-7-5768-1136-0

Ⅰ．①权… Ⅱ．①崔… Ⅲ．①权力-研究 Ⅳ.
①D033

中国版本图书馆CIP数据核字(2022)第226586号

书　　名	权力论：现代权力的法律性质	
	A Theory of Power: The legal nature of modern power	
作　　者	崔福臣	
策划编辑	杨占星	
责任编辑	王寒冰	
责任校对	许海生	
装帧设计	徐占博	
出版发行	吉林大学出版社	
社　　址	长春市人民大街4059号	
邮政编码	130021	
发行电话	0431-89580028/29/21	
网　　址	http://www.jlup.com.cn	
电子邮箱	jlup@mail.jlu.edu.cn	
印　　刷	三河市九洲财鑫印刷有限公司	
开　　本	787mm×1092mm　　1/16	
印　　张	13.25	
字　　数	100千字	
版　　次	2022年9月　　第1版	
印　　次	2022年9月　　第1次	
书　　号	ISBN 978-7-5768-1136-0	
定　　价	58.00元	

版权所有　翻印必究

前　言

变化和不确定性是我们所处时代的本质特征，在人的欲望爆发、内心焦虑不安、盲目自信与缺乏自信错综交织的今天，我们更需要秩序、正义、自由，还有意义。作为生命个体的人或者有方向感的组织体，其追求阶段大概可以分为生存、发展、梦想和信仰四个阶段，终极目的是实现人的自由和幸福；其思想层次可以分为情绪、意见、知识、真理，信仰成为一种终极关怀；传统观念主张顺其自然就好，而现代社会属于工具理性和功利时代，顺其自然中更多的是通过科技等人为的手段追求人类的自由和幸福，并实现人与自然的和谐长久。

在人间，除了人的本性、信仰、战争、瘟疫、宗教和财富的巨大影响之外，公共权力无疑也是一种不可或缺的巨大能量。公共权力可以服务人民也可能欺压百姓，可以成就人也可以摧毁人，可以提升人性之灰暗，也可以扭曲人性之光辉，可以给人带来美好生活，也可以让生活一地鸡毛。在前现代社会和权力相对集中的时代，尤为如此；每个人似乎都离不开权力如影随形般的存在。

我们生活其中的世界有哪些基本权力，如何认识公共权力，它的法律性质是什么，它们之间的相互关系如何，等等，这些关于公共权力的基础知识或基本内涵一直困惑着我。我们可以用小说、诗歌、散文对权力进行无形的描述或饱含感情的喟叹，也可以通过雕塑、神庙建筑、枪炮等载体对权力进行有形的雄伟表达，还可以条分缕析、打破砂锅问到底地对权力进行哲理性反思，当然我们也可以借助权力表达自我和个人、集体的立场与观点。

近八年来，身在基层法院的我边办案边思考着有关公共权力的话题。我以学术论文的形式对公共权力的本质、基本特征、功能和相互关系进行了初步的探索和总结，本书就是我八年来阅读、思考和创作的阶段性成果。在这本书中，我试图以主流的政治学、宪法学和行政法学为指导，构建现代化政治和法治秩序，寻求政治和法治的意义，为实现政治的法治化和法治的现代化建言献策。

　　要实现国家治理体系和治理能力的现代化，我们需要相对区分主权、治权和派生性治权。主权属于且仅仅属于人民，不可授予不可转让，法律上表现为制宪权。除非国际法意义上的主权，由其唯一合法政府代表之。在现代民主国家的治理体系中，主权与治权的分离好比经济领域的所有权与使用权、经营权的分离一样是一种常态和治理需要，权力的本源性角度来自人民即人民主权，具体形式与运行却体现为一种国家治理即国家治权。立法权属于治权的一种。在人民代表大会制度下，立法权相对于行政权、监察权、司法权而言，也是一种本源性权力，后者属于派生性权力（派生出的具体治权）。在单一制中央集权的国家结构形式中，中央行使涉及全国性的、跨区域的国家的重要权力，而地方权力不是基于地方自治而是来自中央授权，地方机构在本区域内行使地方权力。地方立法权来自全国人大及其常委会的授权。我国的公共权力格局载体大致可以表述为执政党领导下的人大产生"一府一委两院"。执政党的领导表现为政治、组织、思想领导，其领导权常常体现为决策权，在我国为集体决策权。中国共产党摒弃了君主制、独裁制，面对西式民主的诱惑，保持清醒的头脑和战略定力，逐步建立了集体领导制的治理体系。这是基于我国的生产力水平、生产关系特征、社会发展阶段和基本国情、基本党情的实际而有意识地创立的中国特色社会主义领导权制度。

本书第一篇论述立法权的本质、基本特征、功能和制约问题。立法权在我国的公共权力体系中居于核心地位，其本质属性在于创制规则，即创制确定、普适的法律规则，具体包括确认、立改废释法律规则等主要形式，以确立秩序，实现正义，保护财产权，追求人的自由和幸福。立法权的基本特征表现为政治性、民主性、根本性、统一性、正当性和主动性等六个方面。立法权的本质属性和基本特征决定了其具有以下功能：民意表达、国家治理、行为规范、利益调和、价值引领和立法监督等。经由全国人大及其常委会的确认或授权，产生了法规制定权、司法解释权等，形成了事实上的"一二三四立法体制"，即"一元二层三位阶四类型"立法体制。为了制约立法权的行使，需要以基本权利

（基本人权）和立法权限、立法程序规范国家立法权，努力实现人大主导立法，通过批准、备案、撤销、审查和司法审查等方式重点规范、制约行政立法、监察立法、地方立法和司法解释行为。充分发挥立法权及准立法权的作用，为实现国家治理体系、治理能力现代化和法治中国提供更加规范、高效的立法支撑。

第二篇论述行政权的法律性质、作用及其制约。行政权的本质在于执行，其内涵核心为"执行—治理—服务"（简称"执行—服务说"），行政权的基本特征可以用四对范畴予以概括，即执行性与裁量性、主动性与回应性、公共性与自利性、强制性与参与性，其本质和基本特征决定了行政权的功能。结合当前政府的职能和行政权发展趋势，行政权的功能可以概括为秩序、给付、平衡、发展和环保五个方面。为了实现法治政府的建设目标，我们需要深刻把握行政权的核心内涵和本质，理性认识行政权基本特征的"双重性"，努力发挥行政权的积极作用即维护行政秩序、行政给付、维护社会利益平衡、推动经济社会发展和恢复、保护生态的功能，规范其裁量性，遏止其自利性，适度发挥其强制性，积极运用其回应性，推动行政权的协商性、参与性，实现现代行政的民主化、法治化。行政权如其他公权力一样是把双刃剑，需要加强监督确保其在法治轨道上运行，在发挥现代"利维坦"的强大功能的同时，又要避免其过度扩张，侵害社会和公民权益。这是法治政府建设的应有之义，也是最终实现法治中国建设的必备理性和常识。

　　第三篇论述监察权，人大赋予监察委的监察权，其本质属性在于监督，基本特征表现为主动性、独立性、（可）救济性等。监察权的本质和基本特征决定了公权制约和权利保障是其显功能，同时还具有社会治理、建章立制和国家形象提升等潜功能。针对监察权的制约监督包括党委监督、人大监督、内部自我监督、检察监督、司法监督（狭义）、群众监督和舆论监督等等。监察机关与司法机关之间是互相配合、互相制约的关系，首在配合以形成法治反腐的强力公权体系，逐步构建不敢腐、不能腐、不想腐的长效机制，重在制约及防止包括监察权在内的公权异化腐败，实现长期法治反腐和贯彻"尊重和保障人权"的宪法原则。司法审查制约监察权是防止其滥用、腐败的重要制度安排，主要包括职务违法监察的司法审查和职务犯罪监察的司法审查两方面。初步探讨了对职务违法监察和政务处分的司法审查问题。关于职务犯罪监察的司法制约，主要是检察院通过独立行使审查起诉权、提起公诉权等对监察权进行制约，法院在以审判为中心的"正三角形"诉讼构造和司法格局中，借助非法证据排除制度、辩解辩护制度、坚决贯彻罪刑法定、疑罪从无等，实现对监察权的司法审查和有效控制。从而防止监察权滥用等腐败行为，实现法治反腐和人权保障的统一。

第四篇论述审判权的本质属性、基本属性及其与警察权、检察权的关系。审判权是司法权的本质和核心，其本质属性在于裁判，基本特征表现为被动性、中立性和终局性。审判权的本质和基本特征决定了其功能：权利救济和公权制约是其显功能，同时还具有社会治理、公共政策制定形成和完善立法的潜功能。为了体现审判权运行规律和有效发挥其功能，应当构建以审判权为中心，侦查权、公诉权为"司法辅助权"的司法体制格局。形成法官居中裁判、控辩双方地位平等、权利对等相互对抗的"正三角形"诉讼结构。法院在此诉讼结构和司法格局中，借助非法证据排除制度、完善的辩护制度、坚决贯彻罪刑法定、疑罪从无原则等实现对警察权和检察权的审查和有效控制。防止"警察国家"出现，避免公诉权滥用，实现公正、高效、权威的司法目标。此乃最终实现"法治中国"的应有之义。

第五篇论述检察权的本质属性、基本特征和功能。结合现行宪法文本和实践理性意义上对检察权的考察，可以说，检察权是一种诉权和监督权的混合型公权力，如果一定要从典型的三权范式分析，其兼具司法性和行政性，其功能主要体现在法制统一、权力制约和权利救济方面。反思检察权的实践理性可知，检察权的本质属性在于诉权即提起公诉（含民事行政公益诉讼），进一步质言之，法律意义上属于请求权，归根到底在于提起诉讼，将请求事项提交法院裁决。如果区分属性与权能，可以说，检察院行使的侦查权和检察监督权属于两项特别权能。新时代的检察权运行，在监察体制改革和司法体制改革背景下，应形成以提起诉讼为核心，检察监督为辅助的检察工作格局。

本书分五篇，结合权力的实际运行较深入地探讨了立法权、行政权、监察权、审判权和检察权的法律性质即本质、特征、功能和相互关系。通过本书的研究，以期为我国尽早实现国家治理体系和治理能力的现代化提供一定参考。近来，我深入阅读了约瑟夫·奈的《权力论》、罗素的《权力论》等有关权力的专著，明显察觉到这些学者对"权力"的理解、论述和运用视野更开阔，更讲究实效，而我对权力的理解囿于中国传统权力和西方文艺复兴时代的经典论述（卢梭、洛克、孟德斯鸠之流），这是阅读范围、人生阅历、人生舞台的狭隘所致，我应当继续广泛阅读，打开视野，放眼世界，更加深入地对比、思考、探索公共权力论题，以求尽快完成"权力论三部曲"的第二部《比较权力论》和第三部《权力哲学论》。我相信，这是我余生最有意义的事业所在。

2021年9月于邯郸古城

目　录

第一篇　论立法权的性质、功能及其制约

引　言

　　党的十九大提出，推进科学立法、民主立法、依法立法，以良法促进发展、保障善治。党的十九届四中全会作出《关于坚持和完善中国特色社会主义制度推进国家治理体系和治理能力现代化若干重大问题的决定》，进一步明确要求"完善立法体制机制"，"完善党委领导、人大主导、政府依托、各方参与的立法工作格局，立改废释并举，不断提高立法质量和效率。完善以宪法为核心的中国特色社会主义法律体系，加强重要领域立法，加快我国法域外适用的法律体系建设，以良法保障善治"。众所周知，在现代国家，执政党的政策主导和引领着一个国家的立法，中国作为一个现代共和

制国家，也不例外，上述立法政策必将对我国的立法现代化产生"方向性""路线图性"的巨大影响。①从理论上说，人民让渡权利产生公共权力，这是现代权力的历史起点和逻辑起点，现代的建国学说一般假设国权民授论即主权在民，而具体的治权之间分工合作、相互制约服务于人民的利益。②在我国，人民将权力交给人大及其常务委员会，后者又将行政权、监察权、司法权交由行政机关、监察机关、审判机关和检察机关行使，行政机关、监察机关、审判机关和检察机关对人大负责、受人大监督。人大自身保留了立法权（显然属于完整

①我国的公共权力格局载体可以表述为"执政党领导下的人大产生'一府一委两院'"，执政党起到政治、思想、组织上的领导作用，人大是国家权力机关，人大产生政府、监察委、法院和检察院，后者对人大负责，受人大监督。从权力的角度论述这一权力格局，实质是一样的，见正文。关于执政党对立法工作的领导，可参见：谢勇，肖北庚，吴秋菊.立法权配置与运行实证研究［M］.第七章"中国共产党对立法工作的领导".北京：民主与建设出版社，2018.
②关于主权学说及主权与立法权的关系，可参见：戚渊.论立法权［M］.北京：中国法制出版社，2002:41-51.

的、最高的、独立的立法权）和其他权力。[①]这一理论假说总体上反映了我国的公共权力来源和分工。但是，如果进一步考诸现实，我们发现，经由人大及其常委会的确认或授权，一级公权力之间的结合又产生了诸多次级公权力，在立法领域，立法权与行政权、监察权、司法权的结合，产生了具有立法性质的权力至少包括行政立法权、监察立法权、司法解释权等，这些次级立法权或称为准立法权在立法、行政执法、监察监督和司法适用过程中发挥着远超普通人想象的"立法作用"。特别是改革开放四十余年来，人大及其常委会通过策略性授权和务实的功能性分解立法权，[②]我国形成了事实上的"一二三四立法体制"，即"一元二层三位阶四类型"立法体制（一元即全国人大及其常委会享有的国家立法权，二层即中央和地方两个层次的立法权，三位阶即法律、行政法规和地方性法规三个效力层次的立法结果，

---

① 参见：莫于川.依宪治国执政方针下的大部制改革及其公法课题［J］.行政法学研究.2018(06):3-18；武增.中华人民共和国立法法解读.北京:中国法制出版社，2015:32.
② 详见钱大军.立法权的策略配置与回归———一个组织角度的探索［J］.现代法学.2020(02):3-16.

四类型即人大立法权、行政立法权、监察立法权和司法解释权四种立法权力或准立法权）。①限于篇幅和行文目的，在此对该立法体制不再展开论述，该立法体制基本适应、满足了改革开放四十余年来的对内改革、对外开放的需要，为短期内形成中国特色社会主义法律体系提供了可行的路径，为进一步实现建设中国特色社会主义法治体系这一全面依法治国总目标打下了良好的规则体系基础。但是，我们也应清醒看到这一立法体制存在的弊端。作为立法体制核心要素的立法权在实际运行中仍有许多不足之处，这就需要我们站在新时代的起点上再次透视、完善当前的立法权和立法体制，为进一步完善中国特色社会主义法律体系、形成完备的法律规范

①所谓立法体制，是设置立法机关、划分立法权限以及运行立法权的基本原则和基本制度的总称。立法体制的构成要素包括立法主体、立法权及立法权限三方面。从立法权角度看，根据宪法、立法法和地方组织法等有关法律规定，我国现行立法体制由国家立法权、行政法规制定权、监察法规制定权、地方性法规制定权、自治条例和单行条例制定权、规章制定权构成。考虑到司法解释在司法适用中的巨大作用，笔者将现实中的立法体制暂时概括为"一元二层三位阶四类型"立法体制，仅供研究参考。有关我国立法体制的形成历程可参见刘风景，李丹阳.中国立法体制的调整与完善［J］.学术交流.2015(10):110–115.

体系，实现国家治理体系和治理能力现代化提供更加规范、高效的立法支撑。①

本书通过归纳、探讨立法权的本质、基本特征和作用，试图更加理性地认识立法权及其运行规律。提出以基本权利（基本人权）和立法权限、立法程序规范国家立法权，努力实现人大主导立法，重点规范、制约行政立法、监察立法和司法解释行为，也要对人大专门委员会和常委会工作委员会的具有立法性质的行为进行规范，避免前者越权立法、争权诿责和后者脱离人大代表和人大等问题，为进一步规范、完善现实中的立法、准立法行为建言献策。

---

①中国特色社会主义的立法权有自己的运行规律和特色，本书探讨的立法权基于笔者对我国立法权运行的有限观察和理论总结。客观上说，我们的立法权运行与西式论辩式立法权的运行有共同的地方也有不同的地方，如美国学者杰里米·沃尔德伦对英美国家立法权的理想图景是如此描述的：
"我希望把最好的立法过程看作这样一种东西：共同体的代表聚集在一起，庄严而明确地确定与他们所有人的名字相配的共同体制和标准，并在这样做时公开承认和尊重（而不是隐瞒）他们之间在意见和原则上的不可避免的分歧。这就是我愿意培养的那种对立法的理解。"[美]杰里米·沃尔德伦著，徐向东译.立法的尊严［M］.上海：华东师范大学出版社，2019:2-3.

一、立法权的本质及其基本特征

近代以来，无论是在政治学还是法学研究中，人们对于立法权的探讨始终离不开对主权、主权与立法权的关系、立法权与其他治权的关系、权力与权利的关系等基本问题的追问。如卢梭认为，"主权者除了立法权之外便没有任何别的力量，所以只能依靠法律而行动，而法律只不过是公意的正式表示，所以唯有当人们集合起来的时候，主权者才能行动"。[①]洛克在谈到立法权时，认为人们"把他们全部的自然权利交给他们所加入的社会，社会才把立法权交给他们认为适当的人选，给与委托，以便让正式公布的法律来治理他们"。"法律是由人民的同意和委派所授权的一些人制定的，没有人民的这种同意和委派，他们中间的任何一个人或若干人都不能享有权威来制定对其余人具有约束力的法律。"[②]我们依然可以说，立法权由人民或人民委托的

---

①[法]让·雅克·卢梭.社会契约论[M].何兆武译.北京：商务印书馆.1982:118.

②[英]洛克.政府论（下）[M].叶启芳等译.北京：商务印书馆.1964:85，129.

代表与代表机关行使，最接近一切公共权力的归属——人民自己，所以说立法权是国家主权的主要标志，[①]是根本性的国家权力。相比于行政权执行法律、司法权适用法律，无论从功能还是结构角度看，立法权都与其他公权力有着本质的不同，有自己的基本特征。

（一）立法权的本质

人类对事物的本质性把握一般从其产生、同类事物结构比较、含义及运动过程等方面综合把握。对于立法权的本质性认识大概也可以循此思路考察。首先，从公共权力的产生和结构看，权力产生于人类的群体活动，群体活动的顺利进行离不开规则的激励、引导与约束，无论这种规则是宗教、习俗还是法律；国家的诞生，自然有了完整结构的三种"基础权力"即决策权、

---

①这一说法主要来自16世纪法国法学家让·博丹（Jean Bodin）、17世纪英国哲学家托马斯·霍布斯（Thomas Hobbes）和18世纪法国思想家让–雅克·卢梭（J-J. Rousseau）等人关于主权概念以及主权与立法权关系的学说。今日主权，国内法意义上为最高权力归属，主权归属于人民，政府行使治权；国际法意义上为一国对外独立自主，不受外国或外部势力控制，由政府代之。我们说立法权是国家主权的主要标志，是说立法权由人民代表大会享有，人民代表大会由人民选举的代表组成，所以，立法权最接近权力的归属——人民。

执行权和监督权，也可以说一切的权力皆可归于上述三种基础权力，决策权往往居于核心和主导地位，而立法权又属于决策权的核心部分，且对执行权和监督权具有主导作用，这主要是通过立改废释法律实现的，也就是通过规则的确定和变化直接影响执法、监督和司法行为，在此意义上，规则制定权优于执行权，进一步说，宪政国家的制宪权又高于一般的立法权，前者制定一个国家或群体的"元规则"，后者制定"基础性规则"。可见，立法权提供了行为规则，而人类群体活动和国家运转都离不开规则的制定与必要的规则变化，这恰恰是立法权的原本作用。其次，从立法权的定义分析，我们对立法权的定义历来有结构主义和功能主义两种思路[①]，结构主义的解释立足权力分工，是相对于行政权、监察权、司法权来谈立法权，立法权是立法机关立改废释法律规范的权力。功能主义的解释认为应着眼于立法功能的有无来判断立法权的有无，事实上具有立改废释法律规范功能的机关可以成为具有立法权的机关。

---

①参见：李林.走向宪政的立法［M］.北京：法律出版社，2003:24-27.

可见，无论是结构主义的定义还是功能主义的定义，从立法权的含义看，其核心要义在于立改废释或确认规则。第三，从立法的一般过程观察，《立法法》对不同立法主体的立法程序进行了详细的规定，我们以全国人大常委会行使立法权为例，为了显示规则制定的重要与审慎，其形式上的过程至少需要提出法律案、提前印发法律案、审议法律案（三审制、专门委员会审议、法律委员会审议等）、评估法律案、表决法律案、公布法律等步骤，这一立法过程围绕规则的起草、审议、表决等规则创制核心环节进行。当然，2010年中国特色社会主义法律体系形成后，我国的立法工作重点由创制转向了法律修改和完善。①这无疑仍属于法律规则的立改废释范畴。

　　综上所述，无论从立法权的产生、与其他治权的结构性比较，还是从人们对立法权的内涵把握（结构主义和功能主义两方面）及立法过程看，立法权本质上都

---

① 参见：《全国人民代表大会常务委员会工作报告》（2002年3月9日），载《十五大以来重要文献选编》（下册），北京：中央文献出版社，2011年版，第489页。2002年3月，时任全国人大常委会委员长李鹏指出："把修改法律放在与制定法律同等重要的位置上。为使立法工作同变化发展的形势相适应，常委会十分重视法律的修改，全年通过的16件法律中，有10件属于修改法律。"近十年后，2011年1月，时任全国人大常委会委员长吴邦国在"中国特色社会主义法律体系座谈会"上强调，法律体系形成后应当把更多的精力放到法律的修改完善上来，完善中国特色社会主义法律体系必须继续深入推进科学立法、民主立法。参见：吴邦国《在形成中国特色社会主义法律体系座谈会上的讲话》（2011年1月24日），《中国人大》2011年第2期。2013年11月12日，中共十八届三中全会通过《关于全面深化改革的决定》，强调要"推进法治中国建设"。从十一届与十三届全国人大及其常委会的立法工作实践分析，其工作重心明显偏向了法律的修改和完善，法律的创制性工作明显较之前回落。

是一种创制权，^①即创制确定、普适的法律规则，具体包括确认、立改废释法律规则等主要形式，以确立秩序，实现正义，保护财产权，追求人的自由和幸福。^②

---

①20世纪西方法理学代表人物博登海默也认为，"从立法（legislation）这一术语在当今所具有的最为重要的意义来看，它意指政府机关经由审慎思考而进行的创制法律律令的活动，当然，这种机关是专为此项目的而设立的，并且能够在正式法律文献中对这种法律规定做出明确表述"。参见：[美]E.博登海默.法理学、法律哲学与法律方法［M］.邓正来，译.北京：中国政法大学出版社，2004:430-431.

②说到立法本质不得不谈及近代以来的几种代表性法律观——至少包括历史论、进化论和构建论三种法律观。每种法律观对待立法、立法权的认识各有特色，如梅因认为法律由家长式统治者个人命令、习惯发展而来，习惯法的法典化产生了诸如十二铜表法，再后来人们借助立法、衡平来修正古代法；哈耶克主张一种进化论法律观，认为法律更多是发现和阐明的而不是创造的，且前者优越于后者，人们普遍的意见与发现、阐明形成了自生自发的社会秩序，哈耶克的普通法法治观可以概括为"判例法在制定规则的时候优于制定法对未知情势的应对和对人行动的恰当指引"，立法权行使产生的规则被界定为"外部规则"（组织规则），而"内部规则"不是理性建构的而是发现、进化来的；修正的法律实证主义和理性立法观是现代社会立法的主流观点，主张立法权的行使是立法者观察社会现象、人的行为，把握人性、社会规律后的人为建构、创制规则的过程，孔德、卢梭、凯森的著作在某些方面可算是代表观点论述作品。参见：[英]弗里德里希·冯·哈耶克.法律、立法与自由［M］.邓正来，等译.北京：中国大百科全书出版社，2000年10月第1版，第一卷第四、五、六章，第二卷第八章"自然法"部分。

其他带有立法性质的次级权力如行政立法权、监察立法权、司法解释权至多算是"准立法权"，从权力属性意义上归类，它们本质上仍分别归属于行政权、监察权和司法权，应严格区别于立法权。

值得注意的是，行政法规制定权的法律性质需要予以澄清。宪法和法律之外，行政法规的效力和影响最大，但长期以来学界对行政法规制定权的性质探讨，一直存在"依据说"和"职权说"的理论之争。依据说认为，制定行政法规应有宪法和法律上的直接依据或具体授权，职权说认为，国务院除了"根据"具体授权制定行政法规外，制定行政法规也是其固有职权，职权范围内无须授权即可创制规则。[①]无疑，前者失之过窄，后者失之过宽，皆不足取。立法法采纳了折中的"授权说"，对宪法上制定行政法规的"根据"原则作了较宽的界定，即行政法规制定权本质上属于"授权立法"（委任立法），对于国家专属立法事项未经全国人大及

---

① 关于行政法规制定权的依据说、职权说的具体论述可以参见：王贵松.论法律的法规创造力［J］.中国法学.2017(01):109-129；谢立斌.论国务院的职权立法权［J］.政法论坛.2018(06):100-109.

其常委会明确授权，国务院不得就此类事项制定行政法规或规章，立法法第九条进一步明确规定有关犯罪与刑罚，对公民政治权利的剥夺和限制人身自由的强制措施和处罚、司法制度等事项属于法律保留事项，不得授权国务院制定行政法规。国务院就部分专属事项经授权立法之外，还可以根据宪法和法律，在其职权范围内为执行法律和履职制定行政法规，这里的关键是对"根据"原则的界定，如前述，过于强调根据宪法和法律的直接、具体条文则不能满足国务院面对适应社会生活新问题、新情况的规则细化需求，忽视行政立法的授权本质属性则会导致行政立法冲击人大立法，也不符合行政权属于执行权的权力属性。所以，笔者也赞同行政法规制定权属于授权立法（委任立法）范畴，这种折中是折依据说和职权说之中，基本符合"人大主导立法"新时代的行政法规制定需要。

（二）立法权的基本特征

立法权的本质属性即创制性决定了立法权具有以下基本属性。

1. 政治性

立法是现代国家的重要政治活动，立法的过程不可避免地表现为政治运作过程。在西方，各政党和利益集团活动的重心之一就是试图影响甚至绞尽脑汁控制立法权，合法影响和控制立法权才可以名正言顺、顺理成章地将政党的政治意志、利益集团的利益诉求通过议会立法形成普遍有效的法律规则；在中国，立法不仅是法律过程也是政治过程，通过执政党的强力领导、广泛听取、消化、吸收各方观点、利益诉求，形成相对一致的意见即法律草案，草案提交人大及其常委会讨论仍然不可避免地面临各种不一致意见，需要继续听取、整理各方面意见建议，经过法律案通过前的评估，可能通过也可能撤回。其间围绕部门利益、不同阶层、不同集团的利益开展游说或发生争执是常见的立法现象。相比行政权、监察权和司法权，立法权最接近政治活动。

2. 民主性

"任何统治都企图唤起并维持对它的'合法性'

的信仰"，①社会契约论、人民主权论战胜君权神授论的秘诀恰恰在此，因为前者为现代民主国家披上了合法外衣。在现代民主国家，代议制民主是主流的民主形式，立法的过程体现了民主的运作过程。议员或人民代表大会代表经民主选举成为人民的代表并组成立法权的载体即议会或人民代表大会，立法草案可能是专家起草但通常会通过电视广播、网络媒体对外公开，征求人民的意见建议，也就是说人民不仅通过自己的代表参与立法，还可以直接通过提出意见建议、参加听证会等参与立法活动。相比行政权、监察权和司法权，立法权的民主性色彩最浓厚而真实。②

3. 根本性

立法权作为一种根本性的国家权力主要体现在以下方面，一是立法权通过创制法律规范为国家和全社会各行为主体提供行动框架和法律依据，包括行政权、监

---

①[德]马克斯·韦伯.经济与社会［M］.林荣远，译.北京：商务印书馆.1997:239.

②关于立法内容、立法程序的人民性、民主性，可参见：卓泽渊.法治国家论［M］.北京：法律出版社，2018:334–337.

察权和司法权的运行也必须以宪法和法律为依据，立法权的行使结果一旦公布，一切国家机关和武装力量，各政党和社会团体、各企业事业组织以及公民，必须遵守。一切违反宪法和法律的行为必须追究。二是立法权与主权最接近。立法权行使的过程，集中体现了人民意志转化为具有强制力的规则的过程，在我国，全国人民代表大会及其常务委员会是最高立法机关，由其经法定的程序制定法律，国家和全社会通过实施法律来贯彻主权者的意志。①可见，立法权作为最重要的具体职权恰恰最能体现主权的实现过程。

4. 统一性

立法权的统一性关涉立法权威和国家法制统一，无论对于单一制国家还是复合制国家。对于中国这样的单一制中央集权国家，保持立法权的统一性尤其重要。一方面是立法权主体的统一即只有立法机关及其委托或授权的机关可以立法，其他任何机关、组织、个人不得擅自立法，还有立法形式和立法技术的统一；另一方面

①参见：卓泽渊.法政治学研究［M］.北京：法律出版社，2018:185-190.

主要是立法效力位阶和立法价值位阶问题，前者要求法律体系内部虽有立法权限之分，但是下级立法权效力不得抵触上级立法权效力，后者要求立法要体现统一的立法价值，且价值之间是有高低之分的，如保障人权的价值高于惩罚犯罪的价值，所以刑事诉讼法的修订充分体现了人权保障、疑罪从无原则。①

5. 正当性

二次世界大战结束以来，在政治学、法学领域开展了关于立法权合法性与正当性的讨论，最终多数意见否定了"恶法亦法"的实证主义观点，认为立法不仅要合法还必须正当、正义。德国基本法第一条第三款规定"基本权利作为直接适用的法可以约束立法"即体现了这一点。立法权的正当性不仅要求立法由人民代表（议

---

①惩罚犯罪和保障人权是刑事立法的两大价值目标，对于法治发展水平较低的国家，因为立法理念、立法技术、司法者素质、侦查人员专业水平、侦查技术、公民法律意识等多种原因导致刑事立法权主要以"社会控制""打击犯罪"为价值取向，自然形成了"侦查为中心"的刑事司法体制，随着上述诸多因素的进步，会逐步形成"审判为中心"，重在"人权保障"的刑事诉讼体制。参见：戚源.论立法权［M］.北京：中国法制出版社，2002:24-25.

员）通过合法程序表决产生，公开宣布，还要求立法结果符合正义观念和把人当人的基本价值。可以说，具有正当性的法律才能让人普遍自愿服从，也才能成为人的法律信仰的一部分，因为正当性是合法性的价值基础，关涉人的"自由、隐私、责任、平等、机会等将人尊重为人的"基本问题。①

6. 主动性

立法权的主动性和被动性应该是辩证的存在。高于立法权的制宪权主动行使产生了一个国家和全社会的理念和行为的诸多"元规则"（宪法规范），立法权的主动作为产生了完整的法律体系。但是，就法律的具体作用发挥来看，刑法的启动往往是嫌疑人的行为导致的，可以说是被动启动为主，而行政法和经济法往往会主动发力。从最近的立法活动看，2015年修订的《立法法》第一条增加规定"发挥立法的引领和推动作用"，是在全面深化改革时代适应改革与法治同步推进的需要而修订的，充分体现了立法权的主动性特征，实现立法

①参见：[美]迈克尔·D.贝勒斯.法律的原则——一个规范的分析［M］.张文显等译.北京：中国大百科全书出版社，1996:8.

与改革决策衔接，满足重大改革于法有据的政策要求。

二、立法权的功能

立法权的本质在于其创制性（规则创制），其本质决定了其具有政治性、民主性、根本性、统一性、正当性和主动性等基本特征，其本质和基本特征又决定了其功能（作用）。立法权的功能具体体现在其功效和职能上，洛克正是在此意义上认为："立法权是指导国家如何运用强制力保护共同体及其成员的权力。"[①]我们可以对立法权的功能（作用）进一步作如下的初步归纳。

1. 民意表达

民意是民众意见的简称，在民主法治国家，立法权运行的过程也是民意汇聚、竞争、集中的过程，分散、多元的民意通过三个层面来影响、参与、决定立法，一是公民行使言论、出版、集会、结社、游行、示威等基本权利，通过这种似乎分散却不可忽视的力量影

---

① [英]约翰·洛克.政府论（下）［M］.丰俊功，张玉梅译.北京：北京大学出版社，2014:131.

响、参与立法，这无疑是最直接的民意表达；二是人民选出人民代表行使立法权，在我国，人大代表是立法机关的组成人员，是立法主体，人大代表通过提出议案、建议、直接参与讨论和表决法律案等方式来间接表达民意；三是有立法权的人民代表大会及其常委会作为立法机关及其常设机构，通过其工作机构、专家智库开展立法调研、讨论，充分听取各方意见、建议，形成立法计划、立法规划和具体法律草案的过程也是民意表达、汇集和选择的过程。①

2. 国家治理

推进国家治理体系和治理能力现代化的关键在法治，治理体系中最重要的是法治体系，治理能力中最重要的是法治能力，而立法是法治体系和法治能力建设的首要环节，可以说，立法权的恰当运用"既是调节社会利益关系的重要方式，也是化解改革风险、推动改革

---

①参见：刘平.立法原理、程序与技术［M］.上海:学林出版社，上海人民出版社，2017:200-204.

深化的有效途径"。^①通过立法，确立经济社会发展目标，确定经济、政治、文化、社会和生态建设的规划内容、实现途径，可以说立法确定了国家治理方案；通过立法，集中民意民智，形成治国理政的共识，取得民众认同、加强自身监督，无疑提升了国家治理能力。中国特色社会主义制度和国家治理的现代化离不开立法权的恰当、有效运用。^②

3. 行为规范

立法权通过确认、立改废释法律这一现代社会最重要也是最主要的规则来规范、规制私法主体和公法主

①武增.中华人民共和国立法法解读［M］.北京：中国法制出版社，2015:3.
②有关国家治理现代化的相关精彩理论论述，可参见：杜飞进.中国的国家治理——国家治理现代化研究［M］.北京：商务印书馆.2017；关于地方立法权参与地方治理的论述，可参见：徐娟.地方立法的治理功能及其有效发挥［J］.学术交流.2019(05):74-82.说到国家治理，我们不得不说，在可预期的未来，中国的政治、法治进步都会内在地主要致力于提升国家能力现代化，至少包括制度和治理体系、治理能力的现代化，而不是有的人空想的西式民主、自由。当然，这不是说我们要否定自由、民主价值，更不是说中国的掌权者和人民不渴望自由、民主，只是我们更理性、谨慎，需要提升我们的治理体系和治理能力现代化水平，在循序渐进中追求中国特色的以人民为中心的自由、民主。

体的行为。就私法论，自然人、法人和其他组织的权利与义务借由立法形成符合公众正义观念、促进正当交易开展、以权利为核心并适用"权利推定"逻辑的私法秩序，立法权正是通过私法上的权利义务分配实现对私法主体的行为规范与引导；就公法论，国家机关、准国家机关的职权与职责，行为主体的犯罪与刑罚借由立法形成保护权利、约束权力，并便于开展管理和服务公务，以权力为轴心并适用"权力法定"定律的公法秩序，立法权正是通过公法上的职权职责、罪与罚的配置实现对公法主体的行为进行规制与约束。①

4. 利益调和

有学者指出，"在冲突的价值（利益）之间必须进行选择的可能性绝不会从人类生活中消除"②。个人的生命、财产、自由、幸福等个人利益，社会的安全、公共卫生、社会制度、道德、自然资源、社会进步等社

①有关公法与私法的系统论述，可参见：[日]美浓部达吉.公法与私法[M].黄冯明译.北京：中国政法大学出版社，2003.
②[英]A.J.M 米尔恩.人的权利与人的多样性——人权哲学[M].夏勇，张志铭译.北京：中国大百科全书出版社，1995:147.

会利益，上述种种利益之间不可避免地发生着冲突，有时矛盾甚至很激烈，比如两个公司之间的股权、债权等财产纠纷，两个公司都想占有、使用、收益争议财产，难免陷入纠纷，当涉及某一有前途的上市公司数额巨大的股权时，甚至引发肢体冲突或聚众斗殴，又比如某人想通过开办工厂致富，然而该项目会对邻居产生诸如噪音、废气等污染，如何协调个人创业发展和邻居安宁生活、自然环境保护的矛盾，等等，"对相互对立的利益进行调整以及对它们的先后顺序予以安排，往往是依靠立法手段来实现的"。当然，具体的矛盾处理中可能是和解、调解、仲裁、裁判方式之一或多种方式组合。[①]无疑，在成文法国家，立法权为上述利益调整、矛盾调和的主要方式设定了一般的原则和规则。

5. 价值引领

价值观是人的精神集中体现，社会价值需要培育和引领。立法权作为普遍规则制定权，在培育、引领社

---

①参见：[美]E.博登海默.法理学、法律哲学与法律方法［M］.邓正来译.北京：中国政法大学出版社，2004年1月修订版，第十四章第六十六节"相互冲突的利益之调整"。

会价值方面具有不可替代的作用。中央政策层面，2018年5月中共中央印发《社会主义核心价值观融入法治建设立法修法规划》，强调立法导向鲜明，发挥价值引领作用，把社会主义核心价值观融入法律法规立改废释全过程；全国人大立法层面，民法典恰恰是核心价值观的立法表达，民法典第一条立法目的明确——"弘扬社会主义核心价值观"，民法典第一百八十四条："因自愿实施紧急救助行为造成受助人损害的，救助人不承担民事责任"，该条弘扬助人为乐、见义勇为的社会价值，避免"英雄流血又流泪"悲剧。民法典至少8个条文涉及维护公序良俗的社会价值，"民事主体从事民事活动，不得违反法律，不得违背公序良俗""处理民事纠纷，应当依照法律；法律没有规定的，可以适用习惯，但是不得违背公序良俗"等等。地方立法层面，不少地方出台了诸如倡导年轻人独立自主倾向的法规条例，如江苏、浙江、山东、河北等地，《河北省老年人权益保障条例》规定，"已成年且有独立生活能力的赡养人要求老年人给与经济资助的，老年人有权拒绝"，这既是法规更是一种道德的价值引导。最近出台的司法解释

《关于依法适用正当防卫制度的指导意见》，对于鼓励见义勇为、弘扬社会正气无疑将发挥明显的司法推动正能量价值效应。①

6.立法监督

这里的"立法监督"不是一般意义上的立法机关对行政机关的监督，而是特指立法权采取特定的方式起到的监督作用。我们知道，设区市的人大及其常委会一般具有立法权、监督权、决定权和任免权四项主要的权力，对"一府一委两院"的监督主要通过人大监督权实现，但是，立法也是一种监督。立法权通过设定规则的不同法律位阶、给与行为不同的法律评价实现规范、引导、评价一定的法律行为和规范性文件的制定的目的。从这个意义上，立法权也具有一定的监督作用，而且是原始的监督。

三、对立法权及准立法权的规范、制约

关于国家立法权制约。对全国人大及其常委会享

---

①上述更详细的具体内容请进一步参见相应的政策条文，民法典、地方性法规和司法解释条款。

有的国家立法权进行制约，可以从内外两个方面考虑，一方面是内在制约，我们应从其权力渊源出发，即人民授权产生国家立法权，国家立法权对人民负责受人民监督，基本权利（基本人权）自然也就成为国家立法权的内在制约，也就是说国家立法权必须以实现、保障公民基本权利（基本人权）作为其出发点和归宿点。①另一方面是外在制约，即立法权限和立法程序对国家立法权的制约。全国人民代表大会对同样享有国家立法权的全国人大常委会的立法监督体现了这种立法权限的层次性。如全国人民代表大会有权改变或者撤销全国人民

①本文的上述论述无疑属于理性建构立法观的展开。在制约立法权问题上，进化论立法观的代表人物哈耶克也认为，"只要立法者的权力并非源出于某种拟制的基本规范，而是从人们对立法者有权制定的规则种类所持的普遍意见中推导出来的，那么并不存在一个更高的能够明确表示意志行为的权力机构施以干预的情况下，立法者所享有的那种权力便完全能够受到限制或约束。"他进一步从正当规则和规则限制权力角度指出，"立法者的权力之所以不是无限的，乃是因为他的权力是以这样一个事实为基础的，即他使之有效的某些规则不仅被公民们视作是正当的规则，而且他采纳这些规则的做法本身也必定会对他赋予其他规则以有效性的权力构成限制。" [英]弗里德里希·冯·哈耶克.法律、立法与自由 [M].邓正来等译.北京：中国大百科全书出版社，2000:92-93，第二卷第八章"法律与主权"部分。

代表大会常委会不适当的立法，有权撤销后者批准的违背宪法和立法法规定的自治条例和单行条例。全国人民代表大会一般不对地方立法和行政立法进行直接的立法监督。人大及其常委会立法工作的实际运行往往要依赖人大工作机构和常委会工作机构，所以有必要对前者具有立法性质的行为进行规范、制约，限于篇幅和行文目的，将另文探讨。

规范国家立法权之外，立法权制约应重点加强人大对同级行政立法权、监察立法权的制约与监督，加强地方立法权监督，最后还有全国人大常委会对司法解释的备案审查与监督。上述立法监督的实现主要是通过全国人大常委会及国务院来实现的，根据宪法、组织法和立法法规定，全国人大常委会有权撤销同宪法和法律相抵触的行政法规；有权撤销同宪法、法律和行政法规相抵触的地方性法规；有权撤销省、自治区、直辖市的人大常委会批准的违背宪法、立法法的自治条例和单行条例。国务院对地方性法规和行政规章的制定具有监督权。省级、设区市的人民代表大会有权改变或撤销其常务委员会制定或批准的不适当的地方性法规；省级、设区市的人大常委会有权撤销同级政府制定的不适当的规章。①对监察法规制定权的监督应参照人大常委会对行政法规制定权的监督。②对司法解释权的立法性监督，除了备案审查外，需要特别注意地方人民法院、人民检察院不得制定司法解释性质的文件。③

从世界各国立法监督和我国宪法、组织法和立法法等有关法律规定看，立法监督主要有批准、备案、撤销、审查和司法审查等五种方式。④上述常见的立法

---

①详见相关宪法、组织法、立法法具体条文规定，这里不过是根据法律规定进行了归纳小结.也可参见：曹海晶.中外立法制度比较［M］.北京：商务印书馆.2016，第八章立法监督制度。

②2019年12月16日第十三届全国人民代表大会常务委员会第四十四次委员长会议通过的《法规、司法解释备案审查工作办法》首次明确了全国人大常委会对监察法规的审查监督，地方人大常委会参照工作办法对地方同级受监督的监察委员会制定的规范性文件进行审查监督。

③对司法解释权的监督可参见《中华人民共和国各级人民代表大会常务委员会监督法》相关条款。

④我们对立法监督的理解一般有两种，一种是对立法权的监督，一种是享有完整立法权的国家权力机关对行政机关、监察机关和司法机关的监督，本文探讨的立法监督是从第一种立法监督含义上论述的。也有学者从第二种意义上具体讨论立法监督，可参见：卓泽渊.法政治学研究（第3版）［M］.北京：法律出版社，2018，第二编第七章第三节"立法监督是政治运作过程"。

监督方式中，除了最常用又成效明显的备案审查方式外，①值得一提的是司法审查方式。我国宪法、立法法并没有明文规定司法权可以直接司法审查立法行为及立法结果（成文的法律法规）。但是，早在1989年《行政诉讼法》第五十三条就规定了"参照"适用规章制度，②《行政诉讼法（草案）的说明》如此解释：对符合法律、行政法规的规章，法院参照适用，不符合法律、行政法规原则精神的规章，法院可以有灵活处理的余地。两者结合就形成了事实上的司法审查部分规章的

①关于备案审查的具体规定，早在2000年、2005年全国人大常委会委员长会议就制定了《行政法规、地方性法规、自治条例和单行条例、经济特区法规备案审查工作程序》和《司法解释备案审查工作程序》，2009年委员长会议又通过了《法规、司法解释备案审查工作办法》，我们对行政法规、监察法规、地方性法规、自治条例、单行条例、经济特区法规和司法解释的审查监督有了更具可操作性的工作办法。

②1989年《行政诉讼法》第五十三条规定：人民法院审理行政案件，参照国务院部、委根据法律和国务院的行政法规、决定、命令制定、发布的规章以及省、自治区、直辖市和省、自治区人民政府所在地的市和经国务院批准的较大的市的人民政府根据法律和国务院的行政法规制定、发布的规章。人民法院认为地方人民政府制定、发布的规章与国务院部、委制定、发布的规章不一致的，以及国务院部、委制定、发布的规章之间不一致的，由最高人民法院送请国务院作出解释或者裁决。

立法监督制度。经2014年、2017年两次修订的现行行政诉讼法第五十三条明确规定，"公民、法人或者其他组织认为行政行为所依据的国务院部门和地方人民政府及其部门制定的规范性文件不合法，在对行政行为提起诉讼时，可以一并请求对该规范性文件进行审查。前款规定的规范性文件不含规章"。这就通过行政诉讼法直接确立了人民法院对规章以外的规范性文件进行司法审查的立法监督制度。我们可以预见，通过修法循序渐进地确立司法审查规章、行政法规乃至法律的司法审查立法权的制度只是时间问题。①这只是国家治理现代化过程中的治权之间的一种相互制约、改善，也许只是一种设

①从目前我国宪法、组织法、立法法的规定，特别是2019年12月16日第十三届全国人民代表大会常务委员会第四十四次委员长会议通过的《法规、司法解释备案审查工作办法》来看，由全国人大常委会和全国人大宪法和法律委员会行使合宪性审查、合法性审查权力是既有的明确安排。也许将来的某一天，人大常委会的合宪性审查权、合法性审查权成熟后，可以明确授权司法机关行使合宪性审查权、合法性审查权。

想，但并不涉及主权或政体的变化。①

四、并非结论的结语

通过笔者近几年的观察、思考和理论梳理，我们大概可以对立法权的属性、作用及其制约作如下小结：党领导下的人大产生"一府一委两院"权力机构配置，自然形成了立法权、行政权、监察权、审判权、检察权五权分工合作公共权力格局，而立法权在我国的公共权力体系中居于核心地位，其本质属性在于创制规则，即创制确定、普适的法律规则，具体包括确认、立改废释法律规则等主要形式，以确立秩序，实现正义，保护财产权，追求人的自由和幸福。立法权的基本特征表现为

---

① 在政法学界和实务界，总有些人喜欢一知半解或"为赋新词强说愁"，比如对于"议行合一"的论证。笔者以为，"议行合一"的例证为法国革命期间的巴黎公社制，新中国全国人民代表大会召开前的革命向建设时期过渡阶段的政协和中央人民政府委员会制。这是特殊历史时期的特殊的权力配置格局。1954年宪法确立了立法、行政分工的原则，许多人不求甚解地将革命战争年代或短暂过渡期的"战时体制"一般化，乃至自鸣得意强行掩盖和平、建设和改革开放新时代的权力格局，谬矣！我们对于主权、具体治权的研究，有时候也会面对上述类似的似是而非的困惑或"伪问题"。

政治性、民主性、根本性、统一性、正当性和主动性等六个方面。立法权的本质属性和基本特征决定了其具有以下功能：民意表达、国家治理、行为规范、利益调和、价值引领和立法监督等。经由人大及其常委会的确认或授权，产生了法规制定权、司法解释权等，我国形成了事实上的"一二三四立法体制"，即"一元二层三位阶四类型"立法体制。为了制约立法权行使，需要以基本权利（基本人权）和立法权限、立法程序规范国家立法权，努力实现人大主导立法，通过批准、备案、撤销、审查和司法审查等方式重点规范、制约行政立法、监察立法、地方立法和司法解释行为。对立法权的制约，我们可以设想待全国人大及其常委会的合宪性审查逐步成熟后，授权司法机关制约立法权。我们要充分发挥立法权及准立法权的作用，为实现国家治理体系、治理能力现代化和法治中国提供更加规范、高效的立法支撑。

第二篇　论法治政府视野下行政权的性质及其制约

引　言

　　党的十八大首次提出"全面依法治国"战略，要求到2020年基本建成法治政府，党的十八届四中全会作出《全面推进依法治国若干重大问题的决定》，进一步提出"深入推进依法行政，加快建设法治政府"的具体目标和要求，党的十九大再次强调"深化依法治国实践"，"建设法治政府，推进依法行政，严格规范公正文明执法"。①上述决策为法治政府建设指明了方向，

---

① 习近平：《决胜全面建成小康社会　夺取新时代中国特色社会主义伟大胜利——在中国共产党第十九次全国代表大会上的报告》，《人民日报》2017年10月28日，第1版。

也规划了法治政府建设的时间表和路线图。①为执行党中央的重大决策部署和回应宪法修正案，国务院早在1999年就召开了第一次全国依法行政工作会议并发布了《国务院关于全面推进依法行政的决定》，至今已经发

①考察梳理决策文件和中央地方工作报告，抓住几个关键词可以反映出依法行政、法治政府建设"时间表和路线图"的清晰明确作出并非一帆风顺，而是曲折前进着，我们以"依法行政"关键词的提出为例，改革开放一直到1990年，长达13年的时间里，从中央到地方的决策文件和工作报告中未出现该词。进入20世纪90年代，1991年4月最高人民法院工作报告中最早提到"依法行政"，限于当时的观念和法治发展水平，作为司法监督机关却是从维护行政机关的权威角度提及的依法行政，第三年党中央、国务院才首次提出依法行政，一致表述为"各级政府都要依法行政，依法办事"（见1993年3月15日李鹏八届人大一次会议上所作《政府工作报告》和1993年11月14日《中共中央关于社会主义市场经济体制若干问题的决定》）。进入21世纪，最高人民检察院和全国政协在2001年及以后才在工作报告中提到依法行政。地方政府通常根据中央的决策文件和报告"遣词造句"，20世纪90年代后，越来越多的地方政府工作报告和日常文件中出现"依法行政""法治政府"词汇，如今推进依法行政、建设法治政府已经成为央地共识，乃至政法常识。也可见30年来法治建设进步之巨大。

布实施两份《实施纲要》。①

  无论从行政法学理论研究角度还是从法治政府建设实践来看，行政权的性质及其制约问题都是不可回避的基础性核心问题。历史纵深看，人们对行政权及其载体政府的认识经历了从泛道德化、政治化到经济化、法

---

①两份《实施纲要》分别为，2004年国务院发布《全面推进依法行政实施纲要》，2015年12月党中央、国务院发布《法治政府建设实施纲要（2015—2020）》（载《人民日报》2015年12月28日，第1版），另外，为了推进法治政府建设，国务院于2007年发布《政府信息公开条例》，2008年发布《加强县市政府依法行政的规定》，2010年发布《国务院关于加强法治政府建设的意见》（载《人民日报》2010年11月9日，第16版，已于2016年被国务院废止）。

治化的过程。①近代以来，关于行政权的学说构建和理解众说纷纭，新中国成立以来，人们对于行政权性质的讨论也从纷纷攘攘逐步定位于其现代本质和运行规律：②1978年以前的全能政府时代，行政权是管理权、专政权，③随着改革开放的深入，特别是社会主义市场

①中国清末以前和西方近代以前，中西方的人们主要是从道德角度看待政府和行政权，如孔夫子的《论语》和亚里士多德的《政治学》基本上属于政治的伦理化建构或道德的政治分析，近代以来，马基雅维利的《君主论》、霍布斯的《利维坦》、洛克的《政府论》主要是从政治角度研究政府问题，亚当·斯密的《国富论》开始了对政府的经济分析之路，近代特别是进入现代以来，中西方先后不约而同地逐步形成了以经济和法律角度为主研究政府和行政权的各种学说。当然，如此总结不是要排除对行政权的道德研究或政治研究，上述角度转换是历史的大致逻辑顺序。事实上，道德、政治、经济、法律角度的分析从来都不是绝对的，只是一种相对的人为构建的思路与方法。参见：王学辉，宋玉波等.行政权研究［M］.北京：中国检察出版社，2002:1-6，前言部分；邓蔚在论述行政权的正当性时明显注意到了各个角度的协调一致性，参见：邓蔚.行政权的正当性证成——控权—服务论理论合理性［J］.行政法学研究.2008(01):22-23.

②宏观上分析，中西方对待行政权及其制约的思路有所不同：西方的分析进路为，假设权力为必要的恶，为防止权力之恶，强调控制约束政府（行政）权力；而东方的思维逻辑为，假设权力为善，为促进权力至善，强调信任政府的同时规范、控制政府（行政）权力。

③当时受阶级斗争学说的影响、法律工具主义盛行，非法律的政治性、管理性学说占主导地位。

经济和依法治国方略的确立，出现了调和行政权和行政相对方权利的平衡说，①进入21世纪，控权—服务说，执行—服务说逐步成为主流学说。②但在行政实践特别是基层政府的实际活动中，人们对于行政权及其性质的认识常常仍是模糊不清的。③笔者赞同执行—服务说。面对风险社会日益严峻的诸如健康、环境风险，行政权又当如何恰当回应，无疑，主动出击进行集中治理成为可行且必要的选择，行政权的回应性治理功能可以纳入执行—服务说的构建之中，只是有必要予以强调。④所

①罗豪才为代表的学者提出行政权的平衡说。参见：罗豪才，崔卓兰.论行政权、行政相对方权利及相互关系［J］.中国法学.1998(03):3-8.

②现代行政法学者多数主张"行政法是控制行政权的法"，而行政权是执行权和服务权（职责）。参见：［英］卡罗尔·哈洛，理查德·罗林斯.法律与行政［M］.杨伟东等译.北京：商务印书馆.2004，第4章"黄灯永远闪亮？"。

③笔者多年在基层法院任职，每日接触到的许多底层百姓和部分基层公务人员常常不能区分司法机关和行政机关，根深蒂固的官民思想远多于现代的国家权力分工知识。至于政府、法院的本质、性质区分更无从谈起。参见：王新艳.行政权的演化及启示［J］.四川行政学院学报.2006(03):6-7.该文"中国行政权的演化"一段对行政权运行的描述与中国中西部部分基层的政府运行和人们的认识很契合。

④有关风险社会的政府治理（规制）之系统论述，可参见：赵鹏.风险社会的行政法回应［M］.北京：中国政法大学出版社，2018.

以，行政权的执行–服务说可以进一步概括为"执行—治理—服务说"。法治政府的建成和完善，党和国家机构改革的进一步"化学反应"，离不开对（政府）行政权性质及其制约的正确认识与把握。基于上述理解和认识，笔者试图梳理有关行政权及其载体政府运行的研究文献，结合有限的基层实践经验，对行政权的本质、基本特征和功能予以初步探讨，最后从行政复议、司法审查和监察监督等监督行政角度分析论证对行政权的有效制约问题。

一、行政权的本质和特征

古代君主制时代，行政权与立法权、司法权、监察权并无明晰的分界线，总的来说是君权涵摄了行政权、立法权、司法权和监察权，是高度集权的专制权力，而众臣秉承皇帝旨意相对分工行使着行政权、司法权、监察权，所以，君主制时代行政权是客观存在的，只是蕴藏于君权之中而不能以明晰独立的面目呈现，其

性质也无从专论；^①近代人类制度发生史表明，伴随着
思想家的刻苦构建和轰轰烈烈的社会革命才产生了独立
于其他权力的行政权，行政权以独立于其他权力的面貌
首先出现在欧美国家，^②具体到中国，在欧风美雨的强
烈影响下，孙中山先生创立的"五权宪法"政体在民国
时代初步实践了权力的分立制衡，近代意义上的行政权

---

①参见：[美]魏特夫.东方专制主义——对于极权力量的比较研究［M］.徐
式谷，等，译.北京：中国社会科学出版社，1989.第4章的相关论述。
②近代意义上的相对独立的行政权的出现过程人们耳熟能详，从文献整理
角度是这样的：1688年英国光荣革命确立了君主立宪政体，第二年洛克
发表《政府论》下篇，提出立法权、行政权和对外权的分权思想，下个
世纪的海峡对岸，法国思想家孟德斯鸠在1748年发表《论法的精神》，
在洛克分权思想的基础上，提出立法权、行政权、司法权的"三权论"。
日后，这一三权论竟然成了西方国家尤其是美国建国的政体理论指导。伴
随着资本扩张和枪炮、传教士的孜孜不倦，三权论渐渐成为世界大多数
国家政体的理论基础，只是参照程度不同而已。参见：［英]洛克.政府论
（下）［M］.叶启芳，译.北京：商务印书馆.1996: 89-91，第12章"论
国家的立法权、执行权和对外权"；[法]孟德斯鸠.论法的精神［M］.张雁
深译.北京：商务印书馆.1982:153-187，第11章"规定政治自由的法律
和政制的关系"。

跃然于纷纷攘攘的政治活动和法治实践中①；现代政府已经无法局限于执行立法的"守夜人"角色，现代社会中的行政权，特别是二战后的行政权呈现出大规模扩张之势，许多国家的权力结构渐成"行政权中心"格局，即便是奉行议会至上、立法中心的英国，其立法权似乎也要退到次要地位。中国的全能政府时代，行政权更是控制着每个人"从摇篮到坟墓"的一生，改革开放以来，行政权作为推动经济社会快速前进的"推动机"，其作用无处不在。②所以，我们十分有必要回顾、反思、总结乃至建构行政权的本质和基本特征，为法治政府的基本建成和进一步完善提供理论之基。

（一）行政权的本质

理想中的传统政府扮演"守夜人"角色，行政权

---

① 根据孙中山先生的建国思想，《国民政府组织法》初步确立了五院制的政府组织形式，国民政府总揽中华民国治权，下设行政、立法、司法、考试、监察五院，分别行使行政权、立法权、司法权、考试权和监察权五项治权。参见：王兆刚.国民党训政体制研究［M］.北京：中国社会科学出版社，2004:83-86.

② 参见：章剑生.现代行政法基本理论（第二版）［M］.北京：法律出版社，2014:69.

仅仅是执行议会立法的权力，但随着行政权的不断扩张，其内涵较之前越来越丰富多元，我们从不同的角度可以对行政行为进行不同的分类，如行政决策、执行和监督；行政性立法、行政执法、行政性司法和行政监察；行政审批、行政许可、行政处罚、行政确认、行政复议等。①从日常的行政权运行过程来看，首先是行政主体作出行政决策；其次是具有执法主体资格的人开展执法活动，进行社会治理和提供公共服务；再次，产生行政行为的后果或相对人的反馈，行政行为也可能引发行政复议、行政诉讼；最后，还需要注意上述行为还有行政主体内部的行政监督和外部的监察监督伴随其间与

①上述分类显然是近代以来分权理论的细化参照结合实际发展需要出现的，也符合行政权的新发展，稍有常识的人都不会反对，实践中的行政权不仅仅是西式传统理论上的执行权，还有准立法权准司法权性质，也有决策、监督的内容。人们提到美国的三权分立，会强调其司法中心格局，至少从终局性司法审查立法和行政行为的角度可以这么说，而当前中国的权力结构是典型的"行政中心"（暂且不论东南西北中，党是领导一切的领导权），政府作为经济社会发展的核心推动机，目前承担着太多的发展重任，这是我国处于现代化的中期阶段决定的。政治、法治现代化的过程中，行政权会逐渐规范、释放或回归社会，从终局性司法审查的角度看，司法权会不断走上权力格局的舞台中央。

其后。当然，行政性立法活动也很常见，往往是在上述日常行政活动之前。面对如此丰富多元自成体系的行政权，本质主义的认识更显其特别意义。

综观上述行政过程，自成体系的一系列行政行为之中，行政执法仍是最核心最重要的，行政性立法一般根据立法机关制定的法律或者特别授权进行，行政性司法和内外部监察不能体现行政权的本质。笔者以为，从行政权行使的整个过程和各主要行政权构成要素来看，行政权本质上仍是执行权，只是由过去的"依法律行政"渐变为"依法行政"[①]，现代行政权的内涵可以具体简化为"执行、治理和服务"三项内容（简称执行—服务论）。[②]

值得注意的是，传统的国家行政之外，社会行政、合作行政渐渐增多，对行政权本质即执行权的本质

---

① 从依法律行政的学者理想到依法行政的法治实践演变、关于法律保留原则的变质等论述，请参见：王桂松.依法律行政原理的移植与嬗变［J］.法学研究.2015(02):80–98.

② 所谓内涵，指的是一个概念所反映的事物的本质属性的总和。现代行政权离不开执行法律、社会治理和公共服务三项核心内容，故，笔者以为行政权的内涵为"执行、治理和服务"。

主义概括不应掩蔽行政权的新形态、新趋势。社会行政是部分国家行政社会化的需要和结果，是政府转变职能将本不用不必自己管理的事务交给市场和社会，如对机动车的管理，其技术培训、安全技术检验通过立法交给社会主体承担。①合作行政是行政行为方式社会化的结果，是行政主体与社会主体协同实现社会治理、公共服务目标的协作行为，如政府采购、特许经营、服务外包、行政委托等。②社会行政和合作行政本质上仍是执行法律的行政行为，但其实现社会治理和提供公共服务的主体和方式社会化了，这是需要注意的行政权发展新趋势。

总之，行政权包括行政立法、行政决策、行政执法、行政司法和行政监察等，其本质是执行权，其现

①见《道路交通安全法》第13条第2款规定："对机动车的安全技术检验实行社会化。具体办法由国务院规定。"第20条第1款规定："机动车的驾驶培训实行社会化，由交通主管部门对驾驶培训学校、驾驶培训班实行资格管理，其中专门的拖拉机驾驶培训学校、驾驶培训班由农业(农业机械)主管部门实行资格管理。"
②结合社会治理新模式的深入分析，可参见：江必新，邵长茂.社会治理新模式与行政法的第三形态［J］.法学研究.2010(06):21-24.

代内涵包括"执行、治理和服务"（简称执行—服务论），社会行政和合作行政是行政权的发展新趋势。[①]

（二）行政权的基本特征

行政权比较其他诸项权力而言，具有一些自己的个性，20世纪末以来部分学者对此有所探讨，有代表性的观点如：应松年、薛刚凌认为，行政权的特征有主动性、强制性、扩展性、直接性、法定性等；[②]张树义、梁凤云认为，现代行政权有三个方面的属性即"从属法

---

①当然，人类已经进入智能化时代，工具化、内容化意义上的信息化、智能化是现代政府的必然趋势，少数地方已经进入精细化阶段。限于篇幅，另文论述。可参见：马怀德.行政法前沿问题研究——中国特色社会主义法治政府论要［M］.北京：中国政法大学出版社，2018:348–383.

②参见：应松年，薛刚凌.论行政权［J］.政法论坛（中国政法大学学报）.2001(04):54–65.

律性""职能多元性""非专属性";①罗豪才、崔卓兰在其系统性阐述"平衡论"的文章中认为,行政权具有委托性、公益性、强制性、聚合性等多重属性;②孙笑侠比较行政权与司法权后认为,行政权的性质或特征有十项之多即主动性、倾向性、结果实质性、应变性、转授性、职业主体的行政性、效力先定、运行方式的主导性、层级性、效率优先等;③王学辉等人认为,行政权具有强制性、支配性、执行性、公共性、服务性等特

---

① 参见:张树义,张凤云.现代行政权的概念及属性分析〔J〕.国家行政学院学报.2000(02):76–78.关于"职能多元性"的提法,可以理解为,现代行政主体不再是早期限定的"守夜人"角色,社会治理中需要提供更多的公共产品、公共服务如推动经济社会发展、提供社会福利和保障、保护生态环境等,如当前我国政府的只能至少包括宏观调控、市场监管、社会治理、公共服务、环境保护等,所以,行政权的职能趋于多元化了;"非专属性"是指,单纯的国家行政时代,政府垄断行政权,许多社会事务乃至私人事务国家化,现代行政国家,政府授权或者通过行政协议与行业组织、社会团体、个人分享行政权。可以说,行政权的"职能多元性"和"非专属性",有助于我们更加清晰地理解现代行政权的性质。

② 参见:罗豪才,崔卓兰.论行政权、行政相对方权利及相互关系〔J〕.中国法学.1998(03):3–8.

③ 参见:孙笑侠.司法权的本质是判断权——司法权与行政权的十大区别〔J〕.法学.1998(08):34–36.

征。①可见，学者们对于行政权特征的论述虽然所用范畴不同、角度各异，但是有一些共同的特征还是可以取得一致共识的，如执行性、主动性、公益性、强制性等，而随着社会变革的深入、民营企业和公民个体权利意识的觉醒，传统行政权也逐步演化为现代行政权，政府的"双重性"不再秘不可宣，现代行政权也具有了一些新的特征。笔者以为，结合传统理论实践与现代行政法、现代政府的实际运行及法治政府发展趋势，可以从以下四个方面概括现代行政权的基本特征：②

1. 执行性与裁量性

无论从传统的主流政治哲学还是宪法制定层面看，行政权实际上是一种执行权，卢梭提到"政府只不过是主权者的执行人，它负责执行法律并维护社会的

①参见：王学辉，宋玉波等.行政权研究［M］.北京：中国检察出版社，2002:132-141.

②笔者试图用四对范畴高度概括现代行政权的基本特征，有些概念之间是"矛盾"的，这是政府的双重性矛盾性格产生的逻辑论证，正如自然阴阳共生、人性善恶并存一样，我们需要的是如荀子所愿，"劝学"引导其向善而已。

以及政治的自由"，①这是早期政治哲学上的代表性观点，从宪法制定文本看，政府作为行政机关是人大权力机关的执行机关。②行政权的执行性体现了其本质属性，但在当代社会更加需要我们注意的是行政权的裁量性即行政裁量权。行政裁量即行政主体在法定限度（甚或正当合理）内所享有的判断和行动自由。这是立法机关因应对复杂多变的社会生活现实不得不进行抽象立法或授权的结果，行政裁量必要且不可避免，问题是如何平衡法的执行性和行政的有限创造性，既涉及立法机关的政策性考量也关乎司法机关的司法审查"度"，更关乎公民个体权益的实现。③

---

① [法]卢梭.社会契约论［M］.何兆武译.北京：商务印书馆.1980:76.
② 《中华人民共和国宪法》第八十五条："中华人民共和国国务院，即中央人民政府，是最高国家权力机关的执行机关，是最高国家行政机关。"
③ 有关行政裁量权的精彩论述，可参见：王桂松.行政裁量的构造与审查［M］.北京：中国人民大学出版社，2016；另参见：章剑生.现代行政法基本理论［M］.北京：法律出版社，2008:63–89，第四章"现代行政法与行政权"；张弘.徜徉在权利与权力之间的行政行为——作为行政法基本范畴的行政行为及其展开［M］.北京：法律出版社，2018:174–203，第十三章"行政自由裁量权概念的迷思与匡正"。

2. 主动性与回应性

行政权与司法权相比，其主动性十分明显，行政权总是积极主动干预社会活动和公民生活的方方面面，其运行的微观层面生动地体现了主动性，首先是行政主体往往要主动收集证据、认定要件事实，其次对是否符合法定条件作出判断，最后结合相关线索、要素作出是否处理、如何处理的行政决定。整个行政决定的作出都体现了行政主体的主动作为、积极判断。主动之外，还需要注意现代行政权的回应性，特别是面对工业化和现代技术的普及带来的负面问题如食品药品安全、健康、环境恶化等，需要行政权继续发挥其主动性，并应及时、有效回应社会新需求如开展调研、作出决策、修订健康环保法律细则、主动深化改革适应保护食药安全、人体健康、恢复生态的时代要求。[①]

3. 公共性与自利性

行政权的公共性主要体现在公共利益和公众幸福两个方面，具体来说，行政权设置的理想期冀即为促进

①参见：赵鹏.风险社会的行政法回应［M］.北京：中国政法大学出版社，2018.

公共利益，其预设归宿为公众幸福。①党的十九大对我国社会主要矛盾的重大变化及时捕捉提炼，其归根结底还是为了公众的美好生活，②我们在生活中也越来越多地感受到政府为公民提供公共服务和公共产品的力度不

---

①霍布斯在论述主权代表者的职责时认为："主权者不论是君主还是一个会议，其职责都取决于人们赋予主权时所要达到的目的，那便是为人民求得安全。这一点根据自然法他有义务要实现，并向制定自然法的上帝负责，而且只向上帝负责。但这儿所谓的安全还不单纯是指保全性命，而且也包括每个人通过合法的劳动、在不危害国家的条件下可以获得的生活上的一切其他的满足。"霍布斯的论述除了神学色彩、国家主义的时代局限性外，有力论证了行政权的设置理想和预设归宿。具体参见：[英]霍布斯.利维坦[M].黎思复，黎延弼译.北京：商务印书馆.1985:260–277.人类的许多思想家都指出了关于幸福的真理，如潘恩在《人权论》中认为："任何暴乱不管表面上的原因是什么，其真正的原因总是由于缺乏幸福。"见潘恩著，马清槐等译.潘恩选集[M].北京：商务印书馆.1981:272；约翰·格雷认为："幸福是人类一切企求的最终目的。"见[英]约翰·格雷.人类幸福论[M].张草纫译.北京：商务印书馆.1963:10.
②党的十九大报告指出："中国特色社会主义进入新时代，我国社会主要矛盾已经转化为人民日益增长的美好生活需要和不平衡不充分的发展之间的矛盾。我国稳定解决了十几亿人的温饱问题，总体上实现小康，不久将全面建成小康社会，人民美好生活需要日益广泛，不仅对物质文化生活提出了更高要求，而且在民主、法治、公平、正义、安全、环境等方面的要求日益增长。"

断加大。与此同时，政府的自利性也不容忽视，主要表现在行政立法部门利益、政府公司化和行政执法自利方面。行政立法是现代政府权力行使的重要方式，包括制定行政法规、行政规章和行政规范性文件。避免行政立法部门利益，除了强调坚持法律优先和法律保留原则外，更需要通过立法程序化和加强监督救济来实现，特别是司法审查抽象性行政规范势在必行。部分地方单纯追求GDP指标，使得政府公司化，这在过去的一定时期有其历史合理性，但在新时代已不合时宜。执法自肥现象突出表现在选择性执法上，有利益的执法许多部门争抢，无利可图甚至只有带来"麻烦"的执法无人问津。上述现象需要警惕和有效约束。相关论述俯拾皆是，不再赘述。

4. 强制性与参与性

许多学者赞同行政权具有强制属性，如在治安处分、行政处罚和行政强制领域或情形下的确如此，但以经济建设为中心、建设服务型政府、法治政府和社会治理创新的政治大背景下，①人们越来越真切感受和认识到，行政权的运行和实现离不开社会主体和公民的参与、协商，②也可以说传统的国家行政范围在收缩，新型的社会行政、合作行政愈加普遍起来，③形式参与逐步走向实质参与。④行政指导、行政合同是行政权协商、参与属性的典型实践形态。行政指导是行政机关为实现行政目的，以劝告、提醒、建议、协商、制定和发

①党的十七大报告指出："坚持国家一切权力属于人民，从各个层次、各个领域扩大公民有序政治参与，最广泛地动员和组织人民依法管理国家事务和社会事务，管理经济和文化事业。"并将"扩大社会主义民主，更好保障人民权益和社会公平正义，公民政治参与有序扩大"明确作为全面建设小康社会的新要求。党的十九大报告从社会治理的角度提出"完善党委领导、政府负责、社会协同、公众参与、法治保障"的新社会治理模式，其中谈及的社会协同和公众参与具体到行政权领域即体现了行政权设定、运行的协商性、参与性。

②参见：郑春燕.现代行政过程中的行政法律关系［J］.法学研究.2008(01):61-69；姜明安.公众参与与行政法治［J］.中国法学.2004(02):26-36.

③参见：马怀德.行政法前沿问题研究——中国特色社会主义法治政府论要［M］.北京：中国政法大学出版社，2018:300-346，第九章"合作行政与行政法的制度革新"。

④参见：何海波.实质法治——寻求行政判决的合法性［M］.北京：法律出版社，2009.

布指导性政策、提供技术指导和帮助等参与性的非强制方式，引导社会主体和公民作出或不作出某种行为，这种指导、引导行为不同于行政决定的强制性，是参与行政的代表；行政合同是行政机关为实现行政目的，与公民、法人或其他组织经双方协商一致达成的协议，如今在特许经营、政府采购、政策信贷、委托科研、咨询和国有土地使用权出让、国有资产经营等领域已经十分常见。行政合同是协商行政的典型。①

二、行政权的功能

大家对政府职能耳熟能详，但对行政权的功能不

---

①从我国协商参与行政实践层面看，农村承包经营合同算是最早的行政合同，从合作行政政策上看，行政任务民营化发端于1995年1月原国家对外贸易经合部发布《关于以BOT方式吸引外商投资有关问题的通知》，1995年8月原交通部、电力工业部和国家发改委发布《关于试办外商投资特许权项目审批管理有关问题的通知》，而从成熟的政策层面看，早在2004年国务院《全面推进依法行政实施纲要》提出了"充分发挥行政规划、行政指导、行政合同等方式的作用"，2008年10月1日湖南省政府颁布实施我国第一部行政程序的地方政府规章《湖南行政程序规定》，对行政指导、行政合同给出定义和详细规定，《山东省行政程序规定》亦有类似的规定。

甚了了，学者对行政权功能的集中研究也很少见。通俗地说，功能即作用，职能是功能在政策和权力运行层面的具体表现，而功能是具体职能的抽象化概括。事物的本质和基本特征决定了其功能，具体到政府职能和行政权功能，可以说政府职能（含职责和职权）一般包括宏观调控、市场监管、社会治理、公共服务和生态保护等，相应的行政权的功能可以进行不同角度的抽象与分类，如从各国普适意义上说，行政权具有经济、政治、文化、社会和生态功能；[①]从我国行政权内部的权力结构看，行政权具有决策、立法、执行和监督功能；[②]从行政权设定目的和演变历史看，其具有秩序、给付、平衡、发展和环保五项功能。笔者试图按上述第三种抽象

①参见：吴筠（指导教师秦前红）.行政权初论［D］.武汉大学.2004:24-26.

②参见：薛刚凌，陈晓勤.推进大部门制改革 构建以功能为中心的政府权力结构［M］.载应松年主编《法治政府》，北京：社会科学文献出版社，2016:79-87.作者认为："依照事权划分配置政府权力，部门往往集决策、执行、监督等功能于一身。"这种政府权力结构"建立在单向度的'命令—服从'基础上，适应静态、简单的管理方式和运行机制，这与计划经济体制依靠权力分配资源相关"，面对精细分工，政府权力功能需要整合，依据决策、执行、监督、协调等不同功能的要求进行合理配置。

分类简要分析探讨现代行政权的功能。限于篇幅和行文目的，本部分仅作简要的初步讨论。①

1. 秩序功能

行政秩序是社会秩序的重要组成部分，是行政主体行使行政权有意识创建、维护的一种动态的权力规范、权利保障、利益平衡和效率优先的有序状态。②离开了行政权的创建、维护作用，行政秩序将陷入混乱，公务活动无法开展，企业和公民的私人活动得不到起码的有序保障。

2. 给付功能

行政权的给付功能主要体现在其服务属性上，现代政府源源不断地为社会和公众提供公共设施、公共福利、公共安全、公共生活等公共产品和公共服务。特殊情形下，政府还需要针对个体情况进行特别的给付，如行政救济、司法救济等，以维护起码的人的生活体面和

---

①可参见：马怀德.行政法前沿问题研究——中国特色社会主义法治政府论要［M］.北京：中国政法大学出版社，2018:57-92，第三章"依法全面履行政府职能"。

②参见：王学辉，宋玉波等.行政权研究［M］.北京：中国检察出版社，2002:150-209，第三章"秩序与失范"。

尊严。

3. 平衡功能

行政权需要平衡各方利益，以求得社会安定有序，公众安居乐业。主要是政府与社会、政府与市场、企业与居民等主体之间的利益、关系平衡。

4. 发展功能

政府通过制定产业规划、行政指导、行政合同等柔性（权力）手段，加上宏观调控、市场监管的相对强硬手段实现推动经济社会发展的目标。行政权在推动经济社会发展过程中，需要充分尊重市场主体和公民的个人意愿和市场规律。避免过去的高压命令式管制，而是要充分发挥市场规律和社会自主作用。

5. 环保功能

恢复、保护生态环境是当前政府和环保组织的紧迫、重要任务，政府和授权的组织应充分发挥积极行政作用，找到环保、经济发展和社会稳定之间的最佳平衡点，这既需要改变唯GDP的政绩观，更需要政策引导、技术革新和严格的环保责任追究制。短期内注意发挥环境行政处罚和刑事震慑的作用。①

三、行政权的制约

　　法治政府建设，需要不断加强对行政权的监督制约，确保行政权始终在法治轨道上运行。事实上，在各种公权力中，行政权虽预设为执行权，但正如上文谈到的其主动性、裁量性和强制性决定了其扩张性、侵权性最为明显，用权范围又最为直接广泛，所以，人们对监督行政的研究也最多。监督行政既有内部的自觉行为也离不开外部的监督。随着《国家监察法》的出台，行政监察被整合进国家监察之中，②政府内部监督又因党和国家机构改革，部分以党的机构名义在运行，如中央环

---

①具体可参见：谭冰霖.环境行政处罚规制功能之补强［J］.法学研究.2018(04):151–170.

②有学者指出，廉政监察纳入监察委监察没有问题，但政府执法监察和效能监察不宜整合，是否有一定道理还需要监察实践的检验，具体参见：江利红.行政监察职能在监察体制改革中的整合［J］.法学.2018(03):80–89.

保督察、中央法治政府建设督察等，①关于行政机关内部监督问题似乎被忽略了，②在此有必要强调行政问责和具有监督功能的行政复议两种内部监督形式。③其外部监督主要是人大监督、司法制约（含司法审查和检查监督）和国家监察监督。

（一）内部制约

1. 行政复议

行政复议行为是准司法行为，制度功能在于行政

①如2019年5月中共中央办公厅、国务院办公厅《法治政府建设与责任落实督察工作规定》第五条规定："中央全面依法治国委员会办公室、地方各级党委法治建设议事协调机构的办事机构在本规定中统称'督察单位'。"

②政府内部监督具有独特的优势，特别是在执法监察和效能监察中不是外部监督可以完全取代的，所以，监察权的整合不应忽视对政府自身在监察方面的积极作用，有关的理论探讨可参见：江凌.论政府法制监督的理论基础和意义［J］.行政法学研究.2013(03):3-8.

③如下文行政问责部分所述，适应党政一体的需要，行政问责当然不局限于行政官员，而是包括党政官员，由此是否可以将行政问责列为内部监督制度是有争议的，笔者限于行文目的如此安排。

救济和行政监督。①一般地说，行政复议的首要功能是行政救济，通过解决行政纠纷救济行政相对人，在救济过程中也是对行政权的一种监督，可以防止和纠正下级机关或授权组织的违法的或不当的具体行政行为。

2. 行政问责

"所谓行政问责，是指行政官员因其职责和义务履行情况而受到质询，进而承担否定性后果（谴责和制裁）的治吏机制"。②行政问责源自对政府官员的责任追究，以回应媒体监督、公众质疑，赢得政治合法性。2009年《党政领导干部问责暂行规定》出台，行政问责制开始走上法治化道路，2016年《中国共产党问责条例》、2018年《国家监察法》实施，行政问责的党内立法和国家立法有了更高层次的依据，同时也适应了党

①关于行政复议性质的学说主要有行政说、司法说、准司法说，笔者赞同准司法说，该学说突出了行政复议本质在通过准司法行为解决纠纷，且在主体上区别于司法机关。行政复议的功能虽有多种表述，如行政救济、保障和监督依法行政、解决争议、提高效率等，但其首要功能是救济其次是监督。参见：刘莘.行政复议的定位之争［J］.法学论坛.2011(05):10-15；周汉华.行政复议司法化［J］.环球法律评论.2004，26(01):7-16；郜风涛.行政复议法教程［M］.北京：中国法制出版社，2011:62.

②曹鎏.行政官员问责的法治化［M］.北京：中国法制出版社，2011:37.

内问责与行政问责的同步乃至一体化需要。行政问责对行政官员（领导干部）的激励、监督作用愈加明显有效。①

（二）外部制约

1. 人大监督

立法权对行政权的规范制约主要体现在行政权限设定上，人大通过制定行政组织法、管理法等法律对行政权进行源头式设定，但由于多方面的原因，宪法有关人大监督职权的规定并未落到实处，加上多数程序规范立法交由政府自己制定，偏向管理型、支配性的立法缺少公开性和参与性，造成公信力不足，维稳成本居高不下。不断落实立法权对行政权的真实、有效监督，任重而道远。

2. 司法监督

狭义的司法监督仅指审判机关的司法审查监督，广义的司法监督包括审判机关和检察机关对行政机关的监督。（1）司法审查。法院通过审理行政诉讼案件，

---

① 参见：余凌云.对行政问责的省思［M］.载应松年主编《法治政府》，北京：社会科学文献出版社，2016:287–310.

监督行政机关依法履职和维护公民合法权益，还可以根据审理案件的情况发出司法建议，监督、改进政府工作；（2）检察监督。检察院对在履行职责中发现的行政违法行为进行监督，目前由于监察体制改革后检察机关职权调整和人员转隶，本来就处于边缘状态的行政检察监督似乎更为监督乏力，但行政公益诉讼经过多年的试点发展势头良好，"既监督行政行为也监督行政活动，以履行职责判决为主，以确认违法判决为辅"，起到了督促行政权规范运行功效。①

3. 监察监督

随着2018年《宪法》修正和《国家监察法》出台，监察委整合了多数监督资源，形成监督合力，实现了对公职人员监督全覆盖，这当然包括对行使行政权的公职人员的监察监督。监察监督力度空前，已经对行政权的运行产生实质性的监督实效，包括工作作风、公职人员心理和权力行使的规范、改进等，为法治政府建设提供了制度保障。

_____

① 参见：刘艺.构建行政公益诉讼的客观诉讼机制［J］.法学研究.2018(03):39-50.

结　语

　　法治建设目标的实现离不开行政法学理论研究和全体公民特别是法律从业人员的努力奉献。如正文所述，无论从行政法学理论研究角度还是从法治政府建设实践来看，行政权的性质及其制约问题都是不可回避的基础性核心问题。笔者结合自身的有限实践经验，梳理法治政府建设和行政权相关文献，认为行政权的本质在执行，行政权的内涵包括"执行—治理—服务"三项核心内容（简称执行—服务说），行政权的基本特征可以用四对范畴表达，即执行性与裁量性、主动性与回应性、公共性与自利性、强制性与参与性，其本质和基本特征决定了行政权的功能，结合当前政府的职能和行政权发展趋势，行政权的功能可以概括为秩序、给付、平衡、发展和环保五个方面。法治政府建设离不开对行政权的制约问题的持续关注，本书初步讨论了监督行政的内外两个方面，内部制约有行政复议、行政问责等，外部制约包括人大机关、司法机关和监察机关对行政权的制约。为了实现法治政府建设目标，我们需要深刻把握行政权的核心内涵和本质，理性认识行政权基本特征的"双重性"，努力发挥行政权的积极作用即维护行政秩序、行政给付、维护社会利益平衡、推动经济社会发展和恢复、保护生态的功能，规范其裁量性、遏止其自利性，适度发挥其强制性，积极运用其回应性，推动行政权的协商性、参与性，实现现代行政的民主化、法治化。行政权如其他公权力一样是把双刃剑，需要加强监督确保其在法治轨道上运行，发挥现代利维坦的强大功能又要避免其过度扩张侵害社会和公民权益。这是法治政府建设的应有之义，也是最终实现法治中国建设的必备理性和常识。通过上述探讨，希望对法治政府的建成和完善贡献微薄之力。

第三篇　论监察权的性质及其制约

引　言

党的十九大明确要求："深化国家监察体制改革……构建党统一指挥、全面覆盖、权威高效的监督体系，把党内监督同国家机关监督、民主监督、司法监督、群众监督、舆论监督贯通起来，增强监督合力。"十三届全国人大一次会议审议通过《中华人民共和国宪法修正案》增设监察委员会专节，确立了监察权的宪法地位，通过《中华人民共和国监察法》明确了监察权的职责权限、运行机制等，自2016年以来的国家监察体制改革终于有了坚实的宪法和基本法依据。我国的（政治权力）公共权力基本格局也由党领导下的人大产生"一府两院"制演变为党领导下的人大产生"一府一委两院"制，"一委"即监察委员会成为行使国家监察职能的专责机关。按照马克思主义政治学的理解，政治权力属于国家范畴，它的本质是阶级统治权，形式上以公共权力的面貌出现即立法权、行政权、司法权、监察权，我们似乎可以作出如下相对的区分：党委、纪委属于狭义上的政治机关，而立法机关、行政机关、司法机关、监察机关属于一般意义上（形式上）的公共权力机关。①

监察委员会与纪委合署办公，使得实际运行中的监察权具有了较强的政治性，也许这正是部分人认为监察委员会属于政治机关的根源。②但，就监察权本身来说，它属于国家公共权力，相应的专责监察权的监察委员会属于国家公共权力机关。这是监察权的法律属性体

①参见：王沪宁.政治的逻辑——马克思主义政治学原理［M］.上海：上海人民出版社，2016:207-208.
②如中央纪委、国家监委法规室认为："监察委员会作为行使国家监察职能的专责机关，与党的纪律检查机关合署办公，从而实现党对国家监察工作的领导，是实现党和国家自我监督的政治机关，不是行政机关、司法机关。"这一观点具有一定的代表性，可以说是"官方说"。参见：中央纪委、国家监委法规室编.中华人民共和国监察法释义［M］.北京：中国方正出版社，2018.第一章第三条释义。

现。^①限于篇幅和行文目的，本书仅从学术意义上探讨其法律属性，以及监察权和司法权之间的关系和司法制约监察权问题。

一、监察权的本质及其基本特征

人类的一切权力归根到底可以简约为决策权和执行权，中国古代的皇权与相权的相对区分即如此，西方早期的政治权力理论亦如此，如近代早期的英国政治理论家洛克将国家权力分为立法权、执行权和对外权，执行权和对外权辅助和隶属于立法权，立法权是最高权力，政府形式以最高权力即立法权的隶属关系而定。^②随着人类的政治进化和公共权力分化，近代以来的世界

---

①莫纪宏教授认为可以从政治权力和国家（法律）权力两个角度理解中国特色的监察权："从政治宪法学的角度，可以把中国特色监察权分为两部分：一部分是由党的执政权延伸出来的政治权力性质的监察权，这种监察权的正当性来自于党管干部原则；另一部分是需要借助于国家权力体系运行的国家监察权，这种监察权需要纳入由宪法和法律所确立的国家权力运行体系以及法律监督权的运行秩序中。"参见：莫纪宏.国家监察体制改革要注重对监察权性质的研究［J］.中州学刊，2017（10）:43+49.
②参见：翟志勇.论监察权的宪法性质——兼论八二宪法的分权体系［J］.中国法律评论，2018（01）:111.

各国，其公共权力都在不同程度和形式上出现了"立法权、行政权、司法权、监察权"的相对区分。具体到监察权，有两种典型的模式，一种为西式监察专员制，来源于议会监察，属于议会派出的专责监察官，①一种为中式独立监察制，源于中国传统的御史制度、谏官制度，经孙中山先生创造性发挥而成为近现代的一种监察体制。②新中国的监察体制深受列宁监察思想和苏联

①参见：艾政文.瑞典议会监察专员制度［J］.人大研究，2004(07).转引自：魏昌东.国家监察委员会改革方案之辨正：属性、职能与职责定位［J］.法学，2017(03):5.

②孙中山先生最早在1922年为上海新闻报三十周年而撰写的《中华民国建设之基础》一文中使用"监察权"一词，其后在1924年所作《民权主义》的演讲中提出："纠察权，专管监督弹劾的事。这机关是无论何国皆必有的，其理为人所易晓。但是中华民国宪法，这机关定要独立。……现在立宪各国，没有不是立法机关兼有监督的权限；那权限虽然有强有弱，总是不能独立，因此生出无数弊病。比方美国纠察权归议院掌握，往往擅用此权，挟制行政机关，使他不得不俯首听命，因此常常成为议院专制，除非有雄才大略的大总统，如林肯、麦坚尼、罗斯福等总能达成行政独立之目的。况且照正理上说，裁判人民的机关已经独立，裁判官吏的机关却仍在别的机关之下，这也是论理上说不去的，故此这机关也要独立。"转引自：魏昌东.国家监察委员会改革方案之辨正：属性、职能与职责定位［J］.法学，2017(03):5-6.

监察实践的影响。①如今，随着监察体制改革的深入推进，我们有必要认识监察权的本质、特征，准确定位其法律性质。

（一）监察权的本质

从简化的监察过程来看，首先，通过日常监督、接受报案、举报获得监察对象的问题线索，分类处理；其次，部分线索需要初步核实，核实后发现监察对象涉嫌职务违法犯罪，需要追究法律责任的，监察机关应当按照规定的权限和程序办理立案手续；再次，监察机关对职务违法和职务犯罪案件，开展调查取证工作，采取调查措施；最后，根据监督、调查结果，依法作出初步处置，或教育问责或提出建议或政务处分或移送司法。监察程序的操作细节在此不再赘述。从监察权的构成要素看，广义上的监察权包括了监督权、调查权、处置权，其12项调查措施也可以视为12项具体的调查权力，

---

① 参见：张晋藩.中国近代监察制度与法制研究［M］.北京：中国法制出版社，2017.第五章关于"新中国成立初期的监察制度与法制"的论述；周磊.新民主主义革命时期行政监察法制的探索与实践［J］.国家行政学院学报，2016(05):86-90.

其多种处置方式也可以视为多种具体的处置权力，狭义上的监察权应为监督权，调查是监督过程中的手段，处置是监督的结果，且除了教育性处置外，政务处分、刑事处罚、监察建议等多数情形下并非监察委作出的终局性处置。显然，监察过程不同于行政执法过程更有别于司法过程，监察权与行政权、司法权的构成要素亦不同。 从监察范围和类型看，当前的监察法根据"公务说"对六类人员进行监督，监督类型主要分为执法监督（依法履职、秉公用权）、廉政监督（反腐败——贪污贿赂、滥用职权、玩忽职守、权力寻租、利益输送、徇私舞弊以及浪费国家资财等职务违法和职务犯罪）、勤政监督（效能监督，治理不作为、庸懒散等）、官德监督（道德操守情况）等。[①]

所以，从监察过程、监察权构成要素和监察类型看，监察权本质上是一种监督权，也可以说是立法权派生出的"第四类公共权力"，与行政权和司法权平行并

---

①详见《中华人民共和国监察法》第11条、第15条。

存。①

值得注意的是，近代以来的西风东渐大势下，欧风美雨影响下的几代人，总有些人习惯了"西式解读"中国，似乎监察权必须归为西式三权之一或者具有三权之二、之三的综合性权力，②笔者以为言必称希腊罗马的思维路径不可取。西方政治学探讨权力结构的经典分析方法即三权分立政体并不适合于当代中国，不仅因为西式体制产生的历史背景与中国特有的历史传统、社会文化环境不同，更因为这一分析方法严重脱离了中国的政治体制和法治实际，也难以揭示党领导下的人大产生"一府一委两院"权力结构和实际运行过程，对其运行

①参见：秦前红，叶海波等.国家监察体制改革研究［M］.北京：法律出版社，2018:105-106.作者根据时任领导讲话和有关文件认为，监察委实质上是反腐败机构，其法律性质为监督执法机关，由本级人大产生，受其监督，对其负责，并列于"一府两院"的法律地位。该书作者的判断与随后的宪法修正案和监察法规定基本一致。

②参见：徐汉明.国家监察权的属性探究［J］.法学评论，2018(01):13-15；韩大元.论国家监察体制改革中的若干宪法问题［J］.社会科学文摘，2017(07):71-73；张千帆.宪法学导论——原理与应用（第三版）［M］.北京：法律出版社，2014:287.张千帆教授认为，从根本上说，政府职能主要限于立法、执法与司法三种，不论这三种权力间关系如何，任何国家的政府都必然具备这三种形式的权力及其某种方式的分工。

的"三权分立式"描述难免落入空想的泥淖。[①]我们不必拘泥于中式监督体制或西式制衡体制，关键是看到，中西方都在根据自己的传统、文化、习惯和发展需要构建并强化公共权力的制约体制，实现控权，防止权力的任性和恣意妄为。[②]我国独立监察权的诞生正是在通过控权促进国家治理体系和治理能力现代化路上迈出的重要一步。

总之，现代意义上的独立监察权是以监督权为核心，同时包括作为监督工具的调查权和非终局意义上的处置权。其本质属性在于监督，实现权力制约权力的控权目的。

（二）监察权的基本特征

我们对事物的认识通常是从归纳其特征开始的，具体到监察权，根据现行立法、监察过程、监察范围和类型，可以想到的特征有主动性、独立性、救济性、教

①参见：陈国权等.权力制约监督论［M］.杭州：浙江大学出版社，2013:35-46.

②有关权力制约、权力监督、权力制衡的理论区分和精细化研究，可参见：夏金莱.论监察体制改革背景下的监察权与检察权［J］.政治与法律，2017(08):55-64.

育性、强制性、程序性、专门性（专责性）和客观性等等，限于篇幅，现就其主动性、独立性、救济性等基本特征详述如下：

1. 主动性

日常监督要求其主动开展工作，对党员和公职人员的依法履职情况主动监督，发现职务违法职务犯罪的线索，还要主动进行调查，建议、督促其纠正，或分类进行处置。监察对象涉嫌职务犯罪的，要求监察委采取积极高效的行动，调查、收集、固定证据，为移送检察机关审查起诉做准备，主动追求破案效率。此类调查活动不可避免带有追诉倾向。可见，监察权的运行过程表明其具有主动性特征。

2. 独立性

从组织系统看，行政监察部门原隶属于政府部门，现在成为与政府平级并列的监察委员会，尽管监察委与纪委合署办公强化了其政治属性，但相比从前，其组织体系具有更大的独立自主性；监察委员会依法独立行使国家监察权，不受行政机关、社会团体和个人的干涉，这是从权力关系和防干扰方面确立了监察权的独立性。

3.（可）救济性

可以从三个方面理解，一是从监察权监督制约公权力的角度，对职务违法和职务犯罪行为带来的损害予以监督式制约，实现利益和关系的救济平衡；二是除了谈话提醒、批评教育、责令检查、予以诫勉，少数直接处分外，一般情况下，监察权作出的监察建议、政务处分建议、移送司法等建议或决定并非终局性的"裁判"，需要有权机关依法作出相应的处理，涉嫌职务犯罪的，必须依法移交检察机关依法审查起诉，符合起诉条件的移送至法院，由法院开庭审理后作出终局性的裁判（有罪或无罪或免于刑事处罚）；[①]三是监察对象对处分决定不服的，可以申请复审、复核，从而获得救济机会。不仅是刑事处罚，一些学者已经注意到政务处分、强制措施受到司法审查和救济的重要性。对于政务

---

① 监察权行使的直接结果关涉公务员的惩戒和权益保障，将弹劾与惩戒、救济分别赋权于不同的部门，符合权力的运行规律。避免监察权的系统性滥用和得不到制约、救济。参见：聂鑫.民国时期公务员惩戒委员会体制研究［J］.法学研究，2016(03):193-207.

处分或较重的强制措施的司法救济的探讨将放在本篇第三部分进行。①

二、监察权的功能

监察权的本质和基本特征决定了其功能即有利作用，其具体的法定职责和运行机制是功能发挥的制度载体。②笔者在探讨审判权、检察权问题时，曾经借鉴美国社会学家罗伯特·默顿对功能的研究，把审判权、检察权的功能区分为显功能和潜功能两类，并分别考察之。③下面笔者仍借助这一理论分类分析监察权的多项功能。

---

①参见：姜明安.国家监察法立法的若干问题探讨［J］.法学杂志，2017(03):1-10.

②功能一般指事物或方法所发挥的有利作用，而在最终表现出来的效能。功能实质上属于系统理论的范畴，其作用发挥实际上属于系统功效，"社会与生物有机体一样都具有结构；与生物有机体一样，一个社会要想得到延续就必须满足自身的基本需要；社会系统中的各个部分也需要协调地发挥作用以维持社会的良性运行"。参见：[美]戴维·波普诺.社会学［M］.李强，等译.北京：中国人民大学出版社，1999 :109.

③[美]罗伯特·默顿.社会理论和社会结构［M］.唐少杰，齐心等译.南京：译林出版社，2006，第三章"显功能和潜功能"。

（一）显功能

监察权的法定预设功能即显功能，首先是公权制约（以权力制约权力和反腐败），其次是权利保障（包括对监察对象、公民和公益的保障）。

1. 公权制约

制约权力，这是监察权的首要功能。独立的监察权出现之前，我国的权力制约体系以人大监督、纪委监督为主导，由行政监察、检察监督、司法监督三大强制性监督权力构成。[①]新型监察监督通过优化整合行政监察和检察监督的全部或部分职能，加上与纪委合署办公的党政合一监督体制，事实上实现了国家监督权体系的实质性优化、整合。通过监察监督实现权力制约权力的

———————————

①司法权对行政权的监督主要是通过司法审查具体行政行为来实现的。目前阶段，司法监督主要表现为一件件具体行政诉讼案件的办理。经2014年、2017年两次修订的现行《行政诉讼法》第一条明确规定："为保证人民法院公正、及时审理行政案件，解决行政争议，保护公民、法人和其他组织的合法权益，监督行政机关依法行使职权，根据宪法，制定本法。"我们对比此前的1989年《行政诉讼法》第一条规定："为保证人民法院正确、及时审理行政案件，保护公民、法人和其他组织的合法权益，维护和监督行政机关依法行使行政职权，根据宪法制定本法。"可见，去掉"维护"职能，更突出司法监督行政权的目的。

现代化控权目的，重在督促公职人员依法履职、秉公用权，针对公权力腐败，包括职务违法、职务犯罪和道德操守瑕疵的监督、调查与初步处置，实现预防和惩治腐败的良好目标。实现立法权、行政权、司法权，乃至监察权本身的法律宗旨和良性运作。笔者以为，监察权行权过程中需要注意与立法权和司法权的特殊关系：监察权对产生它的立法权的监督，逻辑上难以自圆其说，有一种差强人意的解释是监察委监督的不是人大，而是人大机关工作人员。监察机关应当尊重权力机关的宪法地位。①鉴于司法权的特殊性，监察权必须充分尊重审判独立这一现代宪法原则，对司法机关及其工作人员的监督，应侧重于对司法行政官员的行政事务监督，避免干涉具体的审理和裁判业务，包括证据认定和法律适用等

---

① 参见：秦前红，刘怡达.监察全面覆盖的可能与限度——兼论监察体制改革的宪法边界［J］.甘肃政法学院学报，2017(02):18–21.

的独立性、裁判终局性属于审判独立的核心要义。[①]所以，《宪法》第一百一十七条第二款明确规定"监察机关办理职务违法和职务犯罪案件，应当与审判机关、检察机关、执法部门互相配合，互相制约。"《监察法》第四条重申了上述宪法条款。监察机关与司法机关"互相配合、互相制约"的宪法和基本法定位，除了当前反腐败的需要外，表明立法者已经意识到要从宪法层面明确不同监督权力的性质、地位、关系，避免权力监督体

[①]一般认为，现代法治国家要区分司法行政和司法审判。监察机关可监察监督司法行政，对司法审判的监督应十分谨慎并需要严格的限制条件。参见：沈跃东.宪法上的监察专员研究［M］.北京：法律出版社，2014.该著作第五章"在司法程序中的权力"和第六章"对司法机关的管辖"部分，对此有较详细而令人信服的论证。

系的内耗或权力主体行权可能领域的不必要掣肘。①

2. 权利保障

现代权力的本质在于公共服务和公共权益，最终落实在公益和私权的维护上，监察权也不例外，其行权的目的在于维护公共利益和公民的合法权益。职务违法监察过程中，以行政违法为例，监察委发现行政违法线索，经调查核实后，对行政机关违法行使职权或行政不作为督促纠正，给予相关人员政务处分或提出监察建

①参见：陶道强.明代监察御史巡按职责研究［M］.北京：中国社会科学出版社，2017.该著作第三章、第四章较为充分地表明"巡按御史在维系中央和地方关系，加强上下沟通及维护司法公正和社会公平方面曾发挥过重要作用，但在监察实践中，也曾严重地影响、干扰了地方生态"，有时候走向制度设计初衷的反面：扰乱了地方正常的行政秩序和司法秩序。独立监察权的强大不得不引起现代人的隐忧。权力的发生、发展、消亡规律一再提醒我们，权力必须得到制约，当然包括监察权本身更需要得到其他权力的"相互制约"。习近平同志于2018年12月13日在十九届中央政治局第十一次集体学习时，从政治家的高度明确指出："权力监督的目的是保证公权力正确行使，更好促进干部履职尽责、干事创业。既要管住乱用滥用权力的渎职行为，又要管住不用弃用权力的失职行为，整治不担当、不作为、慢作为、假作为，注意保护那些敢于负责、勇于担当作为的干部，对那些受到诬告陷害的干部要及时予以澄清，形成激浊扬清、干事创业的良好政治生态。"

议，可以直接保护行政相对人的权益，防止或纠正行政侵权行为。行政违法例中，监察监督会与司法监督（行政诉讼监督）发生交叉重叠，一方面取决于行政相对人对救济途径的选择，另一方面，我们也应当清醒地认识到，法院通过诉讼解决行政相对人和政府机关之间的纠纷属于终局性裁判，具有成熟的法定性、程序性、规范性的司法运行机制，而监察委对行政机关违法的督促检查主要着眼于公职人员的职务违法行为，目前仍处于监察体制改革初期。笔者以为，在行政违法领域，司法救济和监察保护二者之间的冲突将是一个值得研究的重大问题。这需要随着实践的发展观察研究。职务犯罪监察过程中的权利保护，可以从两个方面理解，一是纵向的历史比较，监察对象的权利更多得到保障。以留置取代"双规"为例，监察委对涉嫌职务犯罪的公职人员采取的留置措施有着明确的基本法依据、期限限制、严格的审批程序和执行方式、场所，而过去的"双规"措施，其法律依据不充分，期限不明确，审批机制不完备，场所不固定等。二是横向的现实观察，监察委打击职务犯罪，反对腐败和查处官员的经济问题，保障了相对人或所在机关的权益。

（二）潜功能

潜功能不同于有意追求和安排的法定预设功能（显功能），而是无意识的制度性客观效果。笔者以为，监察权的潜功能包括社会治理功能、建章立制功能和国家形象提升功能等，限于篇幅和行文目的，笔者对其简要分析如下。

一是社会治理功能。监察委对公职人员开展廉政教育，对其道德操守情况的监督检查，有利于形成良好的政治风气和社会风气。长期看，对整个社会的道德进步，优秀传统文化的弘扬将产生积极影响，为社会治理提供良好的道德文化氛围；二是建章立制功能。监察委通过监督检查，发现监察对象单位规章制度有廉政漏洞等情况的，可以提出监察建议，督促其完善单位规章制度，通过问责、政务处分、移送司法并要求所在单位反思完善其日常管理、管理规章等，这无疑都将在事实上起到促进公权单位完善其建章立制的潜在作用；三是国家形象提升功能。国家形象，是国家作为一个系统性整体的表现，包括本国公民与外国公众对国家本身、国家成果、国家行为及其活动的评价和认定。[①]监察权进一步使政策反腐、运动反腐走向法治反腐、制度反腐，使公权失范现象得到有效遏制，实现严控公权，防止权力异化，有利于提升国家形象。具体分为国内和国际两方面：对内，提升了公民心目中的权力公信力，增强了百姓对执政党和国家推进国家治理体系和治理能力现代化的信心；对外，有利于提升我国的国际形象、国际信用，有利于获得国际社会对我国法治建设、遵守规则的认同，[②]进而为加快建设中国特色社会主义现代化强国营造良好的国际环境。

三、对监察权的司法制约[③]

谁来制约监督者的问题自古是权力难题，中式监

---

①参见：管文虎.国家形象论［M］.成都：电子科技大学出版社，2000：23.
②参见：谭家超.国家监察权设置的功能［J］.河南社会科学，2017(06):19-20.
③此处的司法制约为广义上的，狭义上的司法机关指法院，司法权指审判权，司法审查限于审判主体，但在中国人们已经习惯于将法检两院统称司法机关，司法权的配置也被分置于两院，司法审查并未完全配置于法院。所以，此处采习惯的广义说。

督体制和西式制衡体制同样面临制约权力的问题。谈及公共权力，人们常常会引用阿克顿勋爵、孟德斯鸠等人的判断，认为权力必须受到有效制约，否则它将被滥用和产生腐败。①具体到我国的监察权制约，当前立法以"公务说"为标准明确了作为专责监督的监察机关对六类人员实现监察全覆盖，人大赋予监察机关的这一前所未有的权威性监察权也是一种公共权力，同样必须受到有效的制约和监督。考察我国的权力制约监督体系，正如本文开头引用十九大报告所提到的，针对监察权的制约监督包括党委监督、人大监督、内部自我监督、检察监督、司法监督（狭义）、群众监督和舆论监督等等，部分学者对相应的监督主体、方式和程序开展了详细分析研究，②限于篇幅，笔者在此主要探讨监察机关与司法机关之间的法律关系，且侧重于司法制约监察权方面的问题。

①参见：［法］孟德斯鸠.论法的精神(上册)［M］.张雁深译.北京：商务印书馆，2005:184.
②参见：谭世贵.论对国家监察权的制约与监督［J］.政法论丛，2017(05):7-10.

　　十三届全国人大一次会议审议通过《中华人民共和国宪法修正案》在宪法第一百二十七条第二款明确"监察机关办理职务违法和职务犯罪案件，应当与审判机关、检察机关、执法部门互相配合，互相制约。"据此，监察机关和司法机关（广义）之间的"配合、制约"法律关系以根本法的形式得到确立。根据宪法，《监察法》第四条重申了宪法确定的这一基本法律关系。如何理解"互相配合，互相制约"关系还有进一步探讨的空间。一方面，根据当前的反腐败形势，法院、检察院、监察委之间首在互相配合，共同形成法治反腐的强力公权体系，逐步构建不敢腐、不能腐、不想腐的长效机制。另一方面，考虑到包括监察权在内的公权力产生腐败的极大可能性、法治反腐的长期性以及贯彻宪法明确的"尊重和保障人权"这一宪法原则，法院、检察院、监察委之间又重在互相制约，所以，我们有必要在此探讨对监察权的司法制约问题。

　　考察世界各国关于公务员弹劾、惩戒与救济的立法例和做法，将"弹劾、惩戒、救济"分属不同公权部门配置是普遍的规律。①这就犹如一般刑事犯罪的侦查、公诉、审判需要分离一样。法院、检察院、监察委办理职务犯罪案件也应当遵守这一基本规律即监察调查、检察公诉、法院审判各自独立又"相互制约"。同时贯彻党的十八届四中全会《决定》强调的"以审判为中心"的司法改革要求。当前的根本法和监察法对此司法规律已经明确确认。如何实现办理职务违法案件的"互相制约"仍是需要学术探讨的重要问题。部分学者提出了司法审查监察调查职务违法和政务处分的建议,值得进一步商榷。②下面针对职务违法监察行为和职务犯罪监察行为的司法审查分别考察之。

（一）职务违法监察与政务处分的司法审查

考虑到反腐的严峻形势和司法规律、人事管理的特殊性,将全部职务违法监察与政务处分纳入司法审查,既不符合实际也不具有可行性,且司法机关也无力

---

①参见：聂鑫.民国时期公务员惩戒委员会体制研究［J］.法学研究,2016(03):193-207.

②参见：王贵松.论法律的法规创造力［J］.中国法学,2017(01):109-129；谢立斌.论国务院的职权立法权［J］.政法论坛,2018(06):100-109.姜明安教授对此有过相关的研究探讨。

承担。目前规定，对于降级、撤职、开除等严重影响公职人员切身利益的处分，监察对象不服的，向作出决定的监察机关申请复审，复审机关应当在一个月内作出复审决定；监察对象对复审决定仍不服的，可以在收到复审决定之日起一个月内，向上一级监察机关申请复核，①经复审、复核程序，监察对象仍不服的，可诉至人民法院，由法院对监察委的监督、调查、初步处置或有权机关的处置开展司法审查。

如何具体开展此类司法审查，需要进一步探索研究。我们可以借鉴行政诉讼司法审查标准对监察行为进行司法审查和制约。将监察行为分为作为类监察和不作为类监察两种类型——对于作为类监察的司法审查主要包括以下六项：职权、事实证据、正当程序、适用法律法规、监察目的、有无显失公正的情形等，对于不作为类监察的司法审查主要包括法定职责、不履行监察的理由等。

---

①详见《中华人民共和国监察法》第49条。

（二）职务犯罪监察与刑事处罚的司法审查

正如前所述及，法院、检察院、监察委办理职务犯罪案件应当遵守基本的司法规律即审判中心格局下的监察调查、检察公诉、法院审判各自独立又"相互制约"。需要强调的是，检察院具有独立的检察权，其审查起诉的独立性必须得到保障，检察院经审查认为犯罪事实清楚，证据确实、充分，依法应当追究刑事责任的，应当作出起诉决定。认为符合不起诉条件，检察院有权独立作出不起诉决定。[1]是否赋予检察监督机关对监察委的调查监督权，犹如一般刑事侦查的侦查监督权一样，值得进一步研究。

宪法赋予法院的审理裁判权是一种终局性的"判断权"，其具有被动性、中立性和终局性等基本特征。根据《宪法》《刑事诉讼法》和《监察法》的规定，结合司法实际来看，我们可以从以下四个方面认识审判权对监察机关办理职务犯罪案件的司法审查制度性安

---

[1]此前的监察法草案曾经规定，检察机关作出不起诉决定应当征求监察机关意见，所幸该条没有通过立法审查。这对保证审查起诉（依法起诉或不起诉）的独立性意义重大。

排。①

1. 以审判为中心的"正三角形"诉讼构造

党的十八届四中全会明确提出推进以审判为中心的刑事诉讼制度改革，2012年《刑事诉讼法》也确立了"法官居中裁判，控辩平等对抗"的"正三角形"诉讼构造，以审判为中心的"正三角形"诉讼构造为审判权审查和制约监察权确立了基础性制度。

2. 非法证据排除制度

《刑事诉讼法》和《监察法》都明确确立了非法证据排除制度。《监察法》第三十三条明确规定"监察机关在收集、固定、审查、运用证据时，应当与刑事审判关于证据的要求和标准相一致。以非法方法收集的证据应当依法予以排除，不得作为案件处置的依据。"正如对侦查机关一样，非法证据排除的适用给监察机关带来现实压力，迫使其不断提高自己的收集、固定、审查、运用证据的技术水平和能力，法庭借此可以有效制约监察机关违反正当程序和采用非法方法收集证据的

①笔者此前探讨审判权性质问题时，谈到了审判权对警察权、公诉权的制约，也采取了类似的论证思路。

行为。

3. 辩解辩护制度的完善

审查起诉阶段和审判阶段依法保障被告人的辩解辩护权，特别是在法庭上充分发挥辩护律师的辩护作用，激烈的控辩对抗将压力传达给监察机关，可以不断提升监察人员的法律专业技能，借鉴侦检一体化精神，使监察机关认识到法治反腐进入司法环节，其与检察机关是一体化的当事人一方，需要依靠"相互印证、完整稳定的证据链"取得反腐败的胜利。至于监察阶段辩护律师的介入问题，需要另文专述。

4. 举证责任

《刑事诉讼法》第四十九条明确规定，"公诉案件中被告人有罪的举证责任由人民检察院承担"，控诉职务犯罪案件的举证责任亦如此。在法庭上，监、检机关是一体化的当事人一方，控方举证不能的，合议庭应按证据裁判规则依法宣告被告人无罪。举证责任的贯彻，证据裁判和依法宣告无罪的普遍化可以有力制约监察机关的调查行为。法庭尤其需要注意对人身自由限制和财产强制措施等调查措施的司法审查，其具体的方式、程序需要另文探讨。

四、并非结束的结语

深化国家监察体制改革，构建党统一指挥、全面覆盖、权威高效的监督体系，如今已经形成党统一领导下的人大产生"一府一委两院"权力体制。纪委和监委合署办公的党政合一反腐制度安排已经显示出强大的威力并取得实实在在的治理效果。具体到人大赋予监察委的监察权，从法律意义上说，其本质属性在于监督，基本特征表现为主动性、独立性、（可）救济性等。监察权的本质和基本特征决定了其功能：公权制约和权利保障是其显功能，同时还具有社会治理、建章立制和国家形象提升等潜功能。针对监察权的制约监督包括党委监督、人大监督、内部自我监督、检察监督、司法监督（狭义）、群众监督和舆论监督等等，监察机关与司法机关之间是互相配合、互相制约的关系，首在配合以形成法治反腐的强力公权体系，逐步构建不敢腐、不能腐、不想腐的长效机制，重在制约以防止包括监察权在内的公权异化腐败，实现长期法治反腐和贯彻"尊重和保障人权"宪法原则。司法审查制约监察权是防止其滥用、腐败的重要制度安排，主要包括职务违法监察的司法审查和职务犯罪监察的司法审查两方面。笔者尝试性地初步探讨了司法审查职务违法监察和政务处分的可能性、监察行为类型、审查标准、程序等问题，这仅仅是初步性的分析，还需要随着监察实践的发展和观察其成败进一步研究，适时开展试点工作。关于职务犯罪监察的司法制约，主要是检察院通过独立行使审查起诉权、提起公诉权等对监察权进行制约，是否对比侦查监督逐步构建监察监督是个值得研究的问题。法院在以审判为中心的"正三角形"诉讼构造和司法格局中，借助非法证据排除制度、辩解辩护制度、坚决贯彻罪刑法定、疑罪从无等，实现对监察权的司法审查和有效控制。防止监察权滥用、腐败，实现法治反腐和人权保障的统一，最终实现国家治理体系和治理能力现代化的"法治中国"。

在此，必须指出的是，关于监察权性质及其制约的研究刚刚起步，有大量重要、急迫的课题需要观察研究，如本文中已经提到的：如何进一步使政策反腐、运动反腐走向法治反腐、制度反腐，使公权失范现象得到有效遏制，实现严控公权，防止权力异化；如何理解监察机关与司法机关之间"互相配合，互相制约"的关系还有进一步探讨的空间；监察调查职务违法和政务处分的司法审查，其可行性、审查范围、审查标准和程序有待进一步研究；是否赋予检察监督机关对监察委的调查监督权，犹如一般刑事侦查的侦查监督权一样，值得进一步研究等等。新生事物总会伴随大量新生的有趣问题，希望越来越多的同仁加入研究队伍。我们在充分肯定监察体制改革的同时，也要保持理性、清醒的头脑，更多投入相关思考、研究和实践中，不断完善国家监察制度。

第四篇　论审判权的性质
——以刑事审判为范例的分析

引　言

　　党的十五大确立了依法治国的基本方略，第九届
全国人大二次会议将其载入宪法（1999年），规定：
"中华人民共和国实行依法治国，建设社会主义法治国
家。"十八届三中全会明确提出"建设法治中国，必须
深化司法体制改革"，十八届四中全会在司法改革方面
既有顶层设计又有具体的规划蓝图。1999年至今，我们
已经通过并实施了四个《人民法院五年改革纲要》，
《人民法院第五个五年改革纲要（2019—2023）》已实
施过半。关于审判权（司法权）性质的讨论，我们经历
了一个由泛泛而论到回归司法权本质及其运行规律的过
程：建国初期至改革开放早期，受到司法阶级论和司法

工具论等主流思想支配，司法权被泛化乃至异化理解，"大司法权说"居于主流地位，①随着改革开放的深入，特别是社会主义市场经济和中国特色"法治中国"建设步伐的加快，人们对司法权的认识逐步回归司法权本身，出现"三权说""多义说"，②20世纪90年代以来，"两权说"成为通说。③随着司法改革的全面推

---

① "大司法权说"将法院、检察院、公安局、司法局等部门在办理案件中的国家权力，甚至将律师、公证、仲裁等组织从事与司法相关的活动时行使的"权力"也都纳入司法权范畴。具体可参见：鲁明健.中国司法制度讲义［M］.北京：人民法院出版社，1987；鲁明健.中国司法制度教程［M］.北京：人民法院出版社，1991；熊先觉.中国司法制度［M］.北京：中国政法大学出版社，1986；魏定仁.宪法学［M］.北京：北京大学出版社，1994；等等，转引自：胡夏冰.司法权：性质与构成的分析［M］.北京：人民法院出版社，2003:138–146.

②三权说认为侦查权、检察权和审判权三权构成司法权；多义说认为，狭义的司法权仅指法院的审判权，广义的司法权则是指审判权及其相关的检察权、警察权、司法行政权等。参见：胡夏冰.司法权：性质与构成的分析［M］.北京：人民法院出版社，2003:147–153.

③ "两权说"主张司法权即法院的审判权和检察院的检察权。沈宗灵教授主编的《法理学》教科书明确论述了司法权即审判权和检察权之后，多数有影响力的教科书和理论著述坚持了这一观点。参见：沈宗灵.法理学［M］.北京：高等教育出版社，1994:344–345；张文显.法理学［M］.北京：高等教育出版社、北京大学出版社，1999:306–307，2007:252；蔡定剑.中国宪法精释［M］.北京：中国民主法制出版社，1996:275.

进，特别是近十五年的司法理论研讨和司法实践启示，司法权即审判权的理论认识在法学理论界已经有了相对一致的共识，①但在法律实务界对司法权及其性质这一根本性理论问题的认识仍存在较多分歧。②笔者以为，

---

①关于人类对司法权性质的认识，中西方因历史、文化传统、政治和司法实践不同而认识不同。西方现代意义上的司法权可追溯至分权学说，如孟德斯鸠认为，国家权力分为立法权、关于国际事务的行政权和有关民事法规事项的行政权力，第二个行政权力即司法权力。参见：[法]孟德斯鸠.论法的精神（上册）［M］.张雁深译.北京：商务印书馆.1961:155.程春明教授认为第二个行政权应该翻译为"裁判权"才符合法文本意。关于这一翻译争论，请参见：程春明.司法权及其配置——理论语境、中英法式样及国际趋势［M］.北京：中国法制出版社，2009:12-24.近代以来，世界各国通行的司法概念与审判权为同义语，司法即审判，司法权即审判权，司法机关仅指法院。至于检察权，则是行政权的一部分，检察机关通常隶属于政府行政系统。中国近现代意义上的司法一词是清末从西方引进的，当时司法仅指审判。当代中国学习苏联的司法体制，司法的含义不同于世界通行的定义，司法指审判和检察，司法权包括审判权和检察权，司法机关包括法院和检察院。参见：张文显.法理学［M］.北京：高等教育出版社、北京大学出版社，2007:252.20世纪末以来，随着第一个法院五年改革纲要的逐步实施，司法仅指审判，相应的，司法权即审判权的理论见识逐渐得到学界公认，尽管这与现实的政治和法律体制还有许多不一致之处。
②笔者有感于多次参加应用型研讨会和司法实践中特别是与基层司法工作人员的交流如是判断。

司法权即审判权，①若相比较审判权来定位的话，检察权、警察权、司法行政权等权力虽与司法权紧密相关，但应排除于司法权之外，将其归属于"司法辅助权"或

① 赞同或类似司法权即审判权观点的代表性系统研究有"裁判权"说、"判断权"说、"权威"说。如陈瑞华教授认为，司法权即裁判权，他将裁判权和审判权混同使用。参见：陈瑞华.司法权的性质——以刑事司法为范例的分析［J］.法学研究，2000(05):30-35；孙笑侠教授认为，司法权即判断权，他从司法权和行政权的对比中得出这一结论。参见：孙笑侠.司法权的本质是判断权——司法权与行政权的十大区别［J］.法学，1998(08):34-36.其实我们考察上述司法权是"裁判权""判断权"或"审判权"的系统研究，发现除了用语不同外，其观点并无质的区别，作者也在混用这些近义词。至于"权威裁判"说，该文作者认为司法权本质是一种权威裁判，其拘束力来自权威，强调司法权威性，作者似乎希望找到司法权的原始起源（社会权威性）或者赋予其道德基础。参见：贺日开.司法改革：从权力走向权威——兼谈对司法本质的认识［J］.法学，1999(7):6-12.笔者认为，贺日开教授若将司法权本质归为权威性裁判可以理解，但是论证结论归为权威，则是以司法的基本特征之一或者目标性属性替代其本质的观点。笔者以为，司法权在现代国家属于权力之一，本质应不脱离公共权力系列。

者称为"准司法权"更恰当。[①]审判权（司法权）性质问题是司法改革的根本性理论问题，如果我们对此前提问题认识模糊或没有基本共识，则我们不可能按照权力本性和司法权本质及其规律认识审判权。理论源自实践引领实践，若理论认识不清甚至错误，则当下以审判权为核心，连带 "司法辅助权"的司法改革就难以取得质的进步。[②]

基于上述认识，笔者试图梳理有关审判权（司法权）及其运行的研究文献，结合自身的司法实务经验，围绕"审判权的性质"展开对审判权本质、基本特征、功能（分显功能和潜功能）等问题的分析论述，最后考察基层刑事诉讼实际运行中的审判权同警察权、检察权

①笔者赞同司法权即审判权的观点，相应的与审判权运行紧密相关的检察权（主要指侦查权、批捕权、公诉权）、警察权（指公安机关享有的刑事侦查权）、司法行政权（如司法行政机关的社区矫正管理权），笔者统称其为"司法辅助权"。有关检察权、警察权参与刑事司法活动的"准司法"性探讨，可参见：王戬.不同权力结构模式中的司法权［J］.政治与法律，2010(03):100-106.

②参见：陈瑞华.司法权的性质——以刑事司法为范例的分析［J］.法学研究，2000(05):30-31.

的分工、配合乃至制约中的紧张关系，①并试图构建逐步实现审判权对警察权和检察权的司法审查和有效控制的以审判为中心司法体制格局。

一、审判权的本质和特征

中国古代司法行政合一，时至今日，仍有一些地方党政领导把法院视为政府职能部门，我们对法院的司法体制设置和对法官的管理体制类同行政设置和管理。司法权的本质和特征在学界虽有具体含义之争，但是审判权区别于行政权是没有争议的。笔者在此从审判权的本质开始探讨其性质，更多是基于基层政治和司法实

①近代以来的百年，中国人对待司法权问题骨子里采用"实用"观，为救亡图存计或者为革命、政治统治或为（经济）建设而引介、构建、推动司法事业。现行宪法确立的宪政权力结构似乎表明，司法权由审判权和检察权组成（据学者考证，这种体例学自苏联，最初由列宁草创），强调对审判权的外部监督而不是上下级之间的审级监督。也许这种权力结构安排是有其历史和现实意义的。司法权的苏俄、西式理论、实践值得我们研讨借鉴，照搬照抄或者漠视人类优秀文明成果的极端做法都是十分错误的。司法改革离开基层群众的参与和支持，注定是"空中楼阁"，应防止司法改革成为专家学者或少数人"闭门造车"、自弹自唱的形式。我们应留意司法实践，力图结合工作实际，立足中国国情，开放学习先进，循序渐进推动司法改革。

践中周围人对法院、审判权、法官认识不清的现象引起的。

（一）审判权的本质

从简化的司法过程来看，首先是涉嫌犯罪的行为发生；其次，公诉机关将侦查部门获得的证据提交法院；第三，法官通过居中审理，听取控辩双方意见后，掌握案情；最后，法官适用法律于查明的事实，进而独立作出可预期的有罪或无罪、罪重或罪轻的权威性终局裁判。①关于司法过程的细节在此不再赘述。从审判权

①审判权主体到底是法官、合议庭、审委会、还是法院，在现代法治国家，这涉及司法独立和公正，本是一个简单明了的问题，审判权由且只能由法官独立行使。二战后，法官独立成为多数现代国家宪法确立的基本原则，如1948年意大利宪法第11条第2款规定："法官仅服从法律"；原德意志联邦共和国基本法明确规定："法官独立行使职权，仅服从法律"；战后日本宪法也规定："裁判官依其良心，独立行使职权，仅受宪法和法律的约束"。转引自：胡夏冰.司法权：性质与构成的分析 [M].北京：人民法院出版社，2003:221.在我国，由于历史的原因加上高度集权、畸形行政化等因素，审判权主体一直模糊不清，这恰恰是掩饰了司法权行政化、地方化的根源之一。笔者设想，审判权主体有三个境界：一是法院为主体，二是合议庭为主体，三是法官个体为主体。司法改革应逐步地实现法官个体独立行使审判权，"仅服从宪法和法律"。关于法官独立行使审判权的更多论述，可参见：刘淑君.法官独立行使审判权探析 [J].甘肃政法学院学报，2002(01):22-26.

的含义来看，广义的审判权包括案件受理权、审理权、裁判权、司法审查权（包括合宪性和合法性审查）、法律解释权（如最高院的司法解释权和各级法院在适用法律过程中的必要法律解释权）、程序规则制定权、决定逮捕权、裁判执行权、审判管理权（司法行政管理）、审判辅助权（如书记员等）等；[①]狭义的审判权仅指审理权和裁判权（含司法审查权）。显然，司法过程不同于行政执法过程，审判权与行政权的构成要素亦不同。人们之所以对法院、法官和审判工作存在不符合司法规律的错误认识，还有人将审判类同行政看待，除了文化传统外，骨子里的工具主义实用观也是原因之一。

从司法过程和审判权构成要素可见：审判权本质上是一种裁判权力。[②]正如引言中已经谈及的，笔者阅读讨论审判权本质的相关文献后发现，有关"裁判

①参见：胡夏冰.司法权：性质与构成的分析［M］.北京：人民法院出版社，2003:235-266.

②关于"裁判"的含义，兼子一教授认为："裁是一刀两断地解决，判是作出辨别是非黑白的评价、判断。"参见[日]兼子一.裁判法［J］.有斐阁(日文版)，1983:7.转引自：贺日开.司法改革：从权力走向权威——兼谈对司法本质的认识［J］.法学，1999(07):5-11.

权""判断权"的系统研究，除了用语不同外，其观点并无质的区别，相关作者也在混用这些近义词。所以，也可以说审判权本质上是一种判断权力。

值得思考的是，康德认为，"一般判断力是把特殊思考为包含在普遍之下的能力。"其经典的三大批判之一《判断力批判》对判断力的分类分析，对我们从人类思维规律、认识规律的角度理解审判权作为判断权（即裁判权）不无启迪意义。他在这部现代学术分工应归为美学的著作里将判断力分为规定性判断力和反思性判断力。"如果普遍的东西（规则、原则、规律）被给予了，那么把特殊归摄于它们之下的那个判断力就是规定性的。但如果只有特殊被给予了，判断力必须为此去寻求普遍，那么这种判断力就只是反思性的。"①从法官裁判的认识规律和人类思维规律上可以看出，大陆法系的法官通常进行"规定性裁判"：成文立法即被给予的规则，法官依法运用判断力将特殊案情归摄于法律之下；英美法系的法官更多进行"反思性裁判"：他们强

①[德]康德.判断力批判［M］.邓晓芒译，杨祖陶校.北京：人民出版社，2009:229.

调个案公正，更注重案件个性，摆在法官面前的是"特殊"的个案案情，他们运用判断力去寻求具有"普遍"意义的判例或成文法，从而作出反思性的裁判。这一分类并非绝对，优秀的法官应当有意识地参照运用两种裁判思维。

总之，现代意义上的审判权是以裁判权为核心，通常还应包括审理权、司法审查权等在内的国家权力束之一。

（二）审判权的基本特征

相比较本质问题的研究，学界和实务界探讨较多的是审判权的特征，如被动性、独立性（权力结构中的地位问题）、中立性（法官的态度倾向问题）、亲历性、交涉性（反映控辩审三方司法角色分工，特别是控辩双方的平等交互对抗行为特点）、权威性、终局性（指裁判效力问题）等等。国内也有部分学者强调司法权（审判权）是国家性和社会性的统一。[1]已经成为共识而没有争议的审判权基本特征有：被动性、中立性、

---

[1]参见：程春明.司法权及其配置——理论语境、中英法式样及国际趋势[M].北京：中国法制出版社，2009.集中见第五章和结论部分。

终局性。最近十五年的法学研究文献表明，有关审判权（司法权）特征的描述、理论讨论可谓汗牛充栋，笔者并无创新，限于篇幅，在此不再赘述。①

值得注意的是，信春鹰曾经指出的，"由上级设计的改革方案和地方现实差距的矛盾"这一残酷悖论依然存在，关于审判权被动性和中立性的基本特征属于近现代工业社会纠纷解决方式范畴，在中国广大的乡土社会，熟人社会的定纷止争着力点在于"抹平"矛盾，回归日常，而不是工业社会中生人之间的权利义务"黑白分明"。②所以，我们经常看到一些关于基层法官主动上门立案、上门调解甚至主动帮着写起诉状、指导收集证据的"怪异"报道。法官这种积极、主动、倾向性明显的行为似乎直接违背了审判权的被动性、中立性，让我们冷静下来，走向广阔的田野，究其实质我们就会恍

①关于审判权（司法权）特征的讨论比比皆是，可参见：韩钢.司法权基本属性解析［J］.宁波大学学报（人文社科版），2011(04):107–111；等等。

②参见：信春鹰.中国需要什么样的司法权力［J］.环球法律评论，2002，24(1):59–70.转引自人大复印资料《诉讼法学、司法制度》2002年第5期。

然大悟：我国依然有近7亿人口长期生活在乡土社会，三千多个基层法院特别是部分欠发达地区的基层法庭将在很长一段时间内继续面对"现代理念"和乡土实践、"规则社会"和"熟人社会"的纠结。我们正在传统和现代的纠结、悖论中走向新生。

二、审判权的功能

器物、制度、理念的本质和基本特征决定了其功能。功能即事物的有利作用。中国古代的司法权和行政权不做严格分工，司法权（审判权）的作用在于定纷止争和维护皇权。近代以来，内忧外患中引介、学习欧美司法理念和制度，苏区政权探索、学习苏联的司法模式，关于审判权的功能已经不仅仅局限于定纷止争和维护统治秩序，特别是改革开放以来的摸索和对外交流，审判权的现当代功能已经逐步得到认可和实践。概括地说，审判权的功能包括权利救济、公权制约（司法审查）及政策形成功能、立法功能、社会治理功能等等。下面笔者借助美国社会学家罗伯特·默顿对功能的研究，把审判权的功能也区分为显功能和潜功能两类，并分别考察之。①

（一）审判权的显功能

审判权的预设功能即显功能，通常包括权利救济功能和公权制约功能（司法审查）。

1. 权利救济

"无救济则无权利。"权利救济是审判权的首要功能。应该清醒认识到的是，在我国，权利救济功能存在的突出问题仍较多，如刑事强制措施中权利救济缺位，侦查中滥用羁押措施常常得不到及时有效纠正，公诉权常常超越刑事诉讼当事人地位，诉讼中不但得不到有效监督甚至常常借诉讼监督之名，变成法官之上的法官；少数民事、行政案件中诉权行使不畅通，如涉及拆迁问题时，本是商业性的拆迁纠纷，有权机关却下令法院暂不受理有关诉讼，又如民间借贷纠纷，法院自感压力巨大，加上地方党政机关的"有意安排"，则许多民间借贷纠纷直到演化成非法吸收公众存款罪或集资诈骗罪时法院才根据安排予以立案。诸如此类司法实践突出

----

① [美]罗伯特·默顿.社会理论和社会结构［M］.唐少杰、齐心等译.南京：译林出版社，2006.第三章"显功能和潜功能"。

的问题在此不再赘述，笔者将另专文考察。

2. 公权制约（司法审查）

民主和法治时代，权力不再神秘，越来越多的人认识到"权力是一种必要的恶"，故，"任何权力都不得位于法律之上"是对待权力的理性主张。[1]实现这一主张的有效思路是"制度配置权力，权力制约权力"。美国宪政是典型的"三权分立，相互制衡"设置，其他现代法治国家的宪政安排虽各异，但在对上述理念问题的内在精神认识和实质性制度安排上是一致的。在我国宪政体制中，人民民主专政的国体和人民代表大会制度的政体决定了如下根本性权力制度安排：党领导下的人大产生"一府两院"，理论上全国人大常委会行使违宪审查权，法院通过司法审查即刑事诉讼和行政诉讼审查和控制检察权（侦查权、批捕权、公诉权）和行政权。但在政治和司法实践中，司法审查失效处处可见。限于篇幅，仅对司法审查失效原因略做考察：其一，三权中行政权力相对过于强势，法院在财、物上直接受制于隶

----

[1]参见：张明楷.刑法格言的展开［M］.北京：北京大学出版社，2013:68.

属于政府的财政部门，在人事上直接归口地方组织部门，司法怎能独立，法制怎么全国统一、权威实施呢；其二，进一步言之，地方各级法院常常被地方党政领导混同政府职能单位，法院在人员、经费、装备和领导关注度等方面与其他党政部门间存在竞争，所以，法院常常强调"主动配合地方各部门"和"主动接受各界监督"，面对疑难复杂、敏感案件，审判权"不敢不能甚至不想"独立、依法裁判；其三，《立法法》第九十、八十六条规定，违宪审查权归全国人大常委会，法院的违法审查不彻底，因为除了最高法院依据全国人大授权进行司法解释外，各级法院行使审判权过程中认为行政法规、规章等同宪法、法律抵触时，只能请求全国人大常委会或者国务院解释、裁决，不赋予法官法律解释权既不符合司法运行规律也因效率等原因影响了公正的及时实现。立法法应当就此进行必要修改，承认并赋予法官在司法过程中对法律的理解、阐明和解释权。①

---

① 参见：胡锦光.论审判权的界限［J］.河南省政法管理干部学院学报，2003(04):117-126.

（二）审判权的潜功能

潜功能不同于有意追求和安排的预设功能（显功能），而是无意识的制度性客观效果。笔者注意到审判权具有如下非预设的功能：社会治理功能、公共政策形成功能和立法完善功能。

1. 社会治理

在乡村社会，地域广阔、治理人口众多、侦查技术低端等是许多地方历史以来的现实境况，刑事诉讼中证据收集、采信随意和鲜有无罪判决的现象与上述落后境况相适应：言词证据受到极端重视，甚至"口供为王"，其他书证、物证常常是通过言词证据获得线索，刑讯逼供常常得不到有效制约、制裁；"疑罪从轻、疑罪从挂"的陈旧裁判理念依然普遍存在于基层法官心中。这些陈旧的证据规则和裁判理念也许是落后时代和后进地区的无奈选择，对形成旧时代的法律威慑力（百姓畏惧而不信服，更不会信仰法律）和维护社会秩序稳定（稳定而不和谐）具有一定作用。今天，我们"努力让人民群众在每一个司法案件中都感受到公平正义"，必须对传统的陈旧潜功能进行批判，让审判权回归本位。加强和改善社会治理不能牺牲正义盲目迎合"安全"和"秩序"。在刑事诉讼中坚决贯彻疑罪从无、存疑时有利于被告人原则，[①]不断提高侦查技术含量，打击犯罪的同时更加注重保障人权。[②]如此，司法的社会治理潜功能才能成为实现治理体系和治理能力的现代化的必要部分。

2. 公共政策形成

传统社会的审判机关与公共政策形成似乎无涉，公共政策是立法机关和行政机关的专属权力。[③]现代社

---

①存疑时有利于被告人原则即法官在审理裁决案件中，对事实存在合理疑问时，应当作出有利于被告人的判决、裁定。如何理解和妥当适用该原则，请参见：张明楷.刑法格言的展开［M］.北京：北京大学出版社，2013:533-554.

②除了上述正文描述外，笔者在基层司法实践中不断亲历如下现象：法院常常被视为地方政府职能部门，法官被视为地方普通公务员，和其他政府职能部门被安排一起参与地方法制宣传、防火防盗行动，接访维稳、地方紧急事态处理（如矿难发生后几十名法官被安排到矿难家属家里值班，做好说服维稳工作）。此类有意安排的工作，严重违背了审判权的本性和运行规律，法官通过审判努力实现权利救济和权力审查的显功能也不可避免地受到不利影响。

③参见：黄竹胜.司法权新探［M］.桂林：广西师范大学出版社，2003:60-61.

会则不然，随着经济社会的迅猛发展，权利主体多元化、利益关系复杂化、权利形态多样化、纠纷类型新型化等日益凸显，这直接导致立法机关立法预测功能减弱，不得不赋予法官更多自由裁量权，法官面对诸如公害制止、环境污染、交通肇事、假冒伪劣产品等纠纷和犯罪时，需要考虑许多间接事实和影响公众、社会的宏观因素，以便综合考量作出妥当的裁决。法官行使自由裁量权的过程不可避免地进行政策价值判断和权衡，这时的法官扮演了政策制定者的角色；法院判决对某类纠纷作出的肯定或否定判断，对某些犯罪经常性加重或减轻处罚，这些判例自然形成一种社会价值，对公众的态度、思想和行为会产生潜移默化的影响，特别是在行政诉讼和刑事诉讼中，法官的裁决对公共政策制定者会产生明显的激励或谦抑作用，提醒或"迫使"公共政策制定者重新考虑、完善相应政策。①

3. 立法完善

2010年中国特色社会主义法律体系已经形成，我

---

①有关审判权的政策制定、形成功能的论述，可参见：胡夏冰.司法权：性质与构成的分析［M］.北京：人民法院出版社，2003:210-214.

国进入法律发展和完善期，法律体系的完善任重而道远。①法律的生命在于实施，人民法院通过具体的司法活动展开"静悄悄的法律完善革命"。审判权对法律体系的完善机理和上述审判权对公共政策制定和形成的影响机制类似但又不完全相同。概言之，审判权发展和完善法律体系的潜功能，除了体现在最高人民法院的司法解释和指导性案例上外，②还通过司法审查、法律解释、③司法建议、送请有权机关审查和裁决等具体途径得到体现。④

---

①参见：国务院新闻办2011年10月27日发布的《中国特色社会主义法律体系》白皮书，载中央政府网，http://www.gov.cn/jrzg/2011-10/27/content_1979498.htm.2014年10月3日最后访问。

②参见 最高法法发（2007）12号《关于司法解释工作的规定》和法发〔2010〕51号《关于案例指导工作的规定》，分别载于中国人大网http://www.npc.gov.cn/npc/xinwen/fztd/sfgz/2007-03/23/content_362927.htm和法律图书馆网http://www.law-lib.com/law/law_view.asp?id=342688，2014年10月3日最后访问。

③关于法律解释的详细论述，可参见：张志铭.法律解释概念探微［J］.法学研究，1998(05):29-48.

④有关司法活动对法律体系完善的思想和系统论证，可参见：江必新.司法对法律体系的完善［J］.法学研究，2012(01):88-95.

三、审判权对警察权、检察权的司法审查

从权力起源和本质上看，人类一切的权力意志可以分立为决策和执行两项，决策即立法权，执行又从实践理性上分立为行政权、司法权和监督权。正如本文已经论述的，审判权是司法权的本质和核心内容，警察权中的侦查权和检察权中的职务犯罪侦查权、公诉权在刑事司法活动中可谓"司法辅助权"（本质上是一种行政权），[①]现代司法活动应当以审判权为中心开展。我们应从理念、制度和具体规范上逐步形成以审判为中心，审判通过司法审查、司法建议、正当程序来制约侦查、公诉等司法辅助活动的现代司法体制格局，最终实现惩罚犯罪和保障人权并重的公正、高效、权威的刑事司法目的。

（一）司法审查侦查权、公诉权的理念和制度

始终把握犯罪控制目标和人权保障理念、实体公正目标和正当程序理念"两个平衡"，是我们实现审判权对侦查权、公诉权进行有效司法审查的基础理念关

---

①限于本文行文目的和篇幅限制，本文仅初步讨论司法权即审判权对侦查权和公诉权的司法审查和制约问题。至于人民检察院的法律监督权是个十分复杂的问题，笔者将另文探讨。

系。1979年制定的我国现行《刑事诉讼法》经过1996年和2012年两次大幅度修正，至少在规范层面，我们可以从以下四个角度观察审判权对侦查权和公诉权的司法审查制度安排：

1. 诉讼结构从"倒三角形"转型为"正三角形"

过去，超职权主义司法时代，庭审往往成为法官和检察官一起审讯被告人的过场，法庭一边倒支持公诉方的现象比比皆是，辩方权利遭到极大压抑，控辩审三方形成所谓"倒三角形"的诉讼结构，辩方位于低端的一角被审讯。如今，当事人主义得到确认，控辩审三方形成审判一方居中裁判，控辩平等的所谓"正三角形"诉讼结构。诉讼结构的转型是审判权审查和制约侦查权、公诉权的基础制度。

2. 非法证据排除制度得到完善

2012年刑事诉讼法增加规定"不得强迫任何人证实自己有罪"，非法证据排除具体标准和排除义务、调查程序也有了明确规定。非法证据排除的适用给侦查机关带来压力，迫使其不断提高自己的侦查技术水平和其他证据收集能力，法庭依法排除非法证据的采信可以制约侦查机关违反正当程序和采用非法方法收集证据的行为。

3. 辩护制度的完善

提升辩护人在刑事诉讼中的辩护地位和作用，逐步实现控辩双方平衡对抗，有利于法官居中裁判，超然于当事人（控辩）双方，在现有司法体制下，充分发挥辩护人的辩护作用，在庭审中揭露案件真相、归纳案件焦点，激烈辩论中让公诉机关逐步回归当事人本位。

4. 举证责任明确

2012年修正的《刑事诉讼法》第四十九条明确规定，"公诉案件中被告人有罪的举证责任由人民检察院承担"。既然举证责任已经确定，则公诉方举证不能、经补充侦查仍达不到"案件事实清楚，证据确实、充分"标准的，合议庭应当依法作出无罪判决。刑事证据的严格审查和无罪判决的作出可以有力有效制约公诉权的滥用。①

（二）司法审查侦查权、公诉权的若干改革着力点

关于审判权运行保障（去内部行政化和地方化，废除审批制、法官员额制等）及侦检一体化、人身保护令和批捕权、搜查批准权等关乎审判权改革方向的思想，本属于审判权性质的必然未来，限于篇幅，将另文探讨。

结　语

正如陈卫东教授曾经写到的：“理论上的研讨是

---

① 司法实践与我们的立法设计常常背道而驰，刑事诉讼中无罪判决的作出可谓难于上青天，笔者考察其背后的原因如下：一是公诉权和所谓诉讼监督权角色冲突的混同。按照法治成熟国家和我国司法实践体现的司法运行规律，诉讼监督应该主要限于法院上下级之间的审级监督（发还、改判），公诉机关可以和辩方一样提出异议或者进行抗诉（被告人可以上诉），不应该享有似乎“格级”高于审判权的诉讼监督权，其效力更不能操纵法官或者实质干涉法官的独立判断；二是有些地方检察院为了政绩考核胜出目的（比如评比优秀检察院不能出现一例无罪判决书），违规利用反贪反渎部门与公诉部门同处检察院的设置，在司法实践中，以反贪反渎、纪检监察为名"威慑"法官作出无罪判决，极少数或懦弱或有问题的法官更是不敢作出无罪判决。

枯燥的，推动法律的进步是吃力的，而其中的过程却是充满幸福的"。①笔者通过攀爬梳理近十五年有关司法权（审判权）、检察权的相关文献，结合自身的司法实务经验和对司法的特有理解，暂时为本文作出并非结论的结语：

审判权是司法权的本质和核心，其本质属性在于裁判，基本特征表现为被动性、中立性和终局性。审判权的本质和基本特征决定了其功能：权利救济和公权控制。现代法治国家和我国的司法实践及法治中国建设需要，要求我们理性认识和构建我们的司法体制格局：以审判权为中心，侦查权和公诉权作为"司法辅助权"积极参与司法活动并应受到严格的司法审查。形成法官居中裁判，控辩双方地位平等、权利对等相互对抗的"正三角形"诉讼结构。法院在此诉讼结构和司法格局中，借助非法证据排除制度、完善的辩护制度、坚决贯彻罪刑法定、疑罪从无原则等实现对警察权和检察权的审查和有效控制。防止"警察国家"出现，避免公诉权滥

①参见：陈卫东.我国检察权的反思与重构［J］.法学研究，2002(02):19.

用，实现公正、高效、权威的司法目标，最终实现治理体系和治理能力现代化的"法治中国"。

第五篇　论检察权的法律性质、功能及未来

引　言

党的十八大要求，进一步深化司法体制改革，坚持和完善中国特色社会主义司法制度，确保审判机关、

检察机关依法独立公正行使审判权、检察权；①十八届三中全会明确提出"建设法治中国，必须深化司法体制改革"；十八届四中全会作出《关于全面推进依法治国若干重大问题的决定》（以下简称《决定》），关于"检察权"和"检察监督"的表述主要为：依法

---

① 我国宪法第一百三十一条、第一百三十六条分别规定："人民法院依照法律规定独立行使审判权，不受行政机关、社会团体和个人的干涉。""人民检察院依照法律规定独立行使检察权，不受行政机关、社会团体和个人的干涉。"上述两条宪法条文是保障司法权独立公正行使的根本法依据。党中央的司法规划也一直在不停变化词句地强调这一点——党的十六大报告提出"从制度上保障审判机关和检察机关依法独立公正地行使审判权和检察权"；党的十七大报告提出"保证审判机关、检察机关依法独立公正地行使审判权、检察权"；党的十八大报告提出"确保审判机关、检察机关依法独立公正行使审判权、检察权"。但是，观之于司法实践，司法的地方保护主义和行政化似乎越来越明显，已经严重影响了司法改革追求司法公正、高效、权威的目标实现。观之于学术研究，人们更多关注审判独立（司法独立），对检察独立的研究相对不足。关于检察院整体对外独立和检察官对内相对独立等相关研究，可参见龙宗智.论依法独立行使检察权［J］.中国刑事法杂志，2002（1）；陈卫东，李训虎.检察一体与检察官独立［J］.法学研究，2006（1）；陈光中.比较法视野下的中国特色司法独立原则［J］.比较法研究，2013（2）.关于检察权的国家性而非地方性特征，可参见韩大元.宪法文本与检察机关的宪法地位［J］.法学，2007（9）.限于篇幅，本文在检察改革部分重点论及检察权行政化问题。

独立行使检察权，加强检察监督，[1] 探索公益诉讼，[2] 推进法治专门队伍正规化、专业化、职业化，推进以审判为中心的诉讼制度改革；党的十九大以来，特别是党的十九届三中全会提出"推进法院、检察院内设机构改革"等等。党中央的上述顶层设计为我们指明了新时期进行包括检察改革在内的司法改革之方向。1978年我国的检察机关开始恢复重建，特别是1997年以来，为了切实贯彻党的司法改革政策，最高人民检察院和省级检察院出台了大量检察政策，直接涉及司法改革、检察改革

[1] "检察监督"的表述见之于党中央的文件如《中共中央关于构建社会主义和谐社会若干重大问题的决定》四（三）"完善司法体制机制，加强社会和谐的司法保障"部分表述。更多见于学者文章。笔者以为，相对于法律监督的表述，"检察监督"一词更能清晰表述我国目前的监督体系——纪检监察监督、检察监督、司法审查监督、人大权力监督、政协民主监督、媒体舆论监督、人民大众监督等，故在本文中用检察监督一词。
[2] 刑事公诉本是维护国家和社会公益，保障人权不受侵犯的公益诉讼；民事公益诉讼已经体现在新修正的民事诉讼法中；行政公益诉讼已明确规定在2017年行政诉讼法修正案中，该法第二十五条增加第四款"人民检察院在履行职责中发现生态环境和资源保护、食品药品安全、国有财产保护、国有土地使用权出让等领域负有监督管理职责的行政机关违法行使职权或者不作为，致使国家利益或者社会公共利益受到侵害的，应当向行政机关提出检察建议，督促其依法履行职责。行政机关不依法履行职责的，人民检察院依法向人民法院提起诉讼。"

的检察政策有逐年增多趋势。① 2000年以来我们已经颁行若干《检察改革实施意见》（2000年，2005年，2009年，2013年），2015年对《关于深化检察改革的意见（2013—2017年工作规划）》进行了全面修订，后出台《2018—2022年检察改革工作规划》等。上述若干系统的检察政策将顶层设计具体化，目标细化，任务得以分

---

①所谓检察政策，一般指检察机关根据中央、国家政策以及检察制度、检察工作需要，制定并实施的规范和指导检察工作的准则（具体表现为规定、意见、通知、规划纲要、报告等）。检察政策包括检察工作的目标、方针、原则和策略等，但伟研究员将检察政策按照目标导向不同可以被分为业务规范类、队伍及作风建设类、政治回应类三类，值得借鉴。据统计，1997年至2013年我们出台了约500件检察政策，但伟指出，"反复出现的检察改革政策恰恰是改革节点"，这一观点颇有见地。参见朱孝清，张智辉.检察学［M］.北京：中国检察出版社，2010:547；王守安.论检察政策及其实施［J］.河南社会科学，2013（4）；但伟.从检察政策的属性分析来解读新一轮检察改革的目标选择——以17年来最高检察机关颁行的检察政策为样本［J］.河南社会科学，2013（12）:37-39.

解并落地生根。①

上述公共政策和司法改革政策的科学制订和有效实施离不开对诸如检察权性质之类基础问题的追问。"五四宪法"和《人民检察院组织法》草拟之始至今，在法学学术界和司法实务界，有关检察权性质和检察改革②的理论争鸣或探索似乎从未停止。对于检察权性质的认识，我们经历了从单一绝对化或行政权说③或司法

①系统的检察改革意见一般与法院的五年改革纲要同步或先后出台，党的十五大以来，最高人民法院于1999年10月颁布了《人民法院五年改革纲要》(简称"第一个五年改革纲要")，最高人民检察院于2000年1月颁行了《检察改革三年实施意见》；根据中央的统一部署，最高人民法院于2005年10月26日颁布了《人民法院第二个五年改革纲要》(简称"第二个五年改革纲要")，最高人民检察院于2005年9月12日颁行了《关于进一步深化检察改革的三年实施意见》，2015年2月15日完善《关于深化检察改革的意见（2013—2017年工作规划）》（2015年修订版）。

②当然包括检察院曾经的存废、恢复重建的悲壮历史。

③在英美法系国家和先学大陆法系后学英美法系的日本，检察权本质定位为行政权。在我国亦有部分学者持此观点，可参见代表性著作如陈卫东.我国检察权的反思与重构——以公诉权为核心的分析［J］.法学研究，2002（3）：3-19；郝银钟.检察权质疑［J］.中国人民大学学报，1999（3）：71-76.

权说①到多种学说②争鸣，再到"双重属性说"和法律

---

① 我国和苏俄司法体制下检察权和审判权共同构成司法权，在人大领导监督下的一府两院的宪政体制中，检察权产生于人民代表大会，向其负责和报告工作。在大陆法系国家，审检合署，许多学者学理上认为检察权司法性质浓厚，兼具行政权特性。可参见彭勃.检察权的性质与检警一体化理论试析.当代法学，2002（8）：142；另龙宗智先生认为检察权兼具行政权和司法权双重属性，但侧重于司法权属性论证，特别是针对中国检察权运行过度行政化弊端和检察改革视角强调了检察权司法化的现实意义，参见龙宗智.论检察权的性质与检察机关的改革［J］.法学，1999（10）；龙宗智.检察机关办案方式的适度司法化改革［J］.法学研究，2013（1）：169-191.

② 多种学说，代表即检察权属于行政权说、司法权说、兼具行政权和司法权双重属性说和法律监督说等四种相对系统的观点。

监督说并存①的历史："五四宪法"定稿学习苏联1936年《宪法》的司法体制确立二元司法体制——宪法文本对法院和检察院职权分别表述为"审判权"和"检察

①两种学说并存是指，目前在学术界，从学理上和司法体制上更多的学者倾向于"双重属性说"，且认为检察改革应当去行政化强司法化。行政性体现在检察一体、上命下从组织体系、自侦权强调破案效率，司法性体现在检察机关和检察官的独立性，全程参与司法活动，对检察官的职业保障类似法官（检察官和法官同为司法官）；在实务界特别是检察院研究室系统的同志们坚守法律监督说，并试图用自己理解的宪政地位、自己解读的宪政文本含义，政治味浓厚地把侦查权、公诉权，甚至于审查逮捕权和司法救济权也强行论证为"检察监督权"。正如有人评论的，论战中弥漫着"理性的烂漫主义和利益本位的现实主义"。但笔者以为，学术和政治犹如上帝和凯撒，二者必须适当区分，相互尊重。可参见上页注④⑤和以下代表性著作：谢鹏程.论检察权的性质［J］.法学，2000（2）：14-17；孙谦.中国的检察改革.法学研究，2003（2）：3-25；石少侠.论我国检察权的性质——定位于法律监督权的检察权［J］.法制与社会发展，2005（3）；张智辉［M］.检察权研究.中国检察出版社，2007；朱孝清.中国检察制度的几个问题［J］.中国法学，2007（2）；王戬.不同权力结构模式中的"司法权"——以另一视角分析检察权［J］.政治与法律，2010（3）：100-106.

权"，二权同属司法权，且同受立法权之领导，^①似乎一直到"文革"结束未再有性质争鸣之波澜。^②"八二宪法"通过后，80年代的司法改革以法院及其审判权为主，检察院着力恢复重建，学界和实务部门对检察院和检察权的理论反思不够多，直到20世纪90年代末司法改

---

①据考察，在新民主主义革命时期，由于战争时代最讲求效率，又深受大陆法系和苏俄初期检察体制影响之故，实施审检合署，且检察机关隶属于行政机关，以便快捷执行革命战争法纪；新中国成立初期至"五四宪法"实施，检察机关和法院同时隶属于人民政府之组成部分，作为权力状态隶属于行政权。"五四宪法"制定时，关于检察权性质的讨论主要集中在两种观点：有的代表认为法院行使司法权，检察院独立于法院之外是行使检察权的专门机关；有的代表认为检察权是具有司法权属性行使检察权的司法机关。宪法草稿曾将司法权仅仅归属于法院，检察院行使检察权，后来五四宪法定稿对此进行了修改，草稿第六十六条改为第七十三条："中华人民共和国最高人民法院、地方各级人民法院和专门人民法院行使审判权。"第七十三条改为第八十一条："中华人民共和国最高人民检察院对于国务院所属各部门、地方各级国家机关、国家机关工作人员和公民是否遵守法律，行使检察权。地方各级人民检察院和专门人民检察院，依照法律规定的范围行使检察权。""五四宪法"学习苏联1936年《宪法》，确立了二元司法体制，审判权和检察权相互独立、分工合作且同受立法权领导。参见 王建国.列宁检察权思想理论研究［M］.北京：北京大学出版社，2013：190-193.关于"五四宪法"及其制定情形可参见 韩大元.1954年宪法与新中国宪政［M］.长沙：湖南人民出版社，2004.
②也许是关于此段争鸣历史资料不足之故，笔者只好一带而过。

革深入到体制改革（刑事诉讼体制为代表）层面，关于检察机关和检察权、检察改革的反思性研究逐步进入百家争鸣期，持续十多年。①关于检察权的各种学说争论多年后，基本形成"双重属性说"和法律监督说并存的理论格局。②

笔者以为，对检察权及其性质的争论应放在全面深化改革的大背景下，③为推进国家治理体系和治理能力现代化，结合监察体制改革、司法体制改革的时代背景，保持理性态度和饱具问题意识开展检察权相关问题研究。1997年以来，司法改革进行了二十多年，许多已有的改革成果已经体现在修订的三大诉讼法或司法解释中，检察改革从未停歇，近几年，诸如"捕诉一体""四大检查""十大业务"之类的改革取得一定

①关于检察理论研究历史及其阶段划分，可参见张智辉.中国特色检察制度的理论探索——检察基础理论研究30年述评［Ｊ］.中国法学，2009（3）：回顾概况（一）（二）（三）；朱孝清.检察理论研究30年的回顾和展望［Ｎ］.检察日报，2008年8月28日、29日。

②参见谢佑平等.中国检察监督的政治性和司法性研究［Ｍ］.北京：中国检察出版社，2010：343-345.

③参见曹建明.把思想和行动统一到全会精神上来 为全面深化改革提供有力司法保障［Ｊ］.人民检察，2013（22）.

成效，"在办案中监督、在监督中办案"理念逐步普及。但是，有关检察权性质、功能的争论似乎并未完全取得共识。笔者攀爬梳理半个世纪特别是近二十余年（1999–2022年）来的有关检察权文献，结合自身有限的基层司法实践，试图作出既符合学理和司法规律，又能满足检察改革实践需要的检察权性质和功能之理性认识，最后试图展开检察改革的蓝图谋划。

一、检察权的本质及特征①

中国古代的公权力是一元皇权（决策权类似现代立法权）之下分执行权（如唐代的三省六部，当然包括刑部）和监督权（如御史台），执行权包括了行政权和司法权，而且司法行政合一，执行权和监督权相互

---

①这部分分析在法学研究中属于"属性分析"，即检察权属于什么？有什么基本特征？其本质属性和基本特征是检察权区别于立法权、行政权、监察权和审判权的基本依据。至于本质和特征对功能的决定性详见下文。研究方法参见 何海波.法学论文写作［M］.北京：北京大学出版社，2014：119–127.

制衡皆对皇权负责和报告工作。①近现代社会，权力分工和细化愈加精微，可以说司法权分立自行政权，检察权分立自司法权。②具体到新中国的宪政体制，是党领导（主要表现为政治、思想和组织领导）下的人大产生"一府一委两院"：③党的领导是中国特色社会主义最本质的特征，人大根据人民的委托享有立法权，政府、监察委和法院、检察院分别被人大赋予行政权、监察权和司法权或准司法权。检察权是指检察机关通过职务犯罪侦查、公诉和检察监督三大核心职能,发挥侦控犯罪和纠正法律实施中的违法行为基本功能，来保障国家法律在全国范围内统一正确实施使命的一项独立的公权

①关于古代公权力配置和相互制约合作关系的论述，参见钱穆《中国历代政治得失》有关章节。

②检察权"生于司法，却无往不在行政之中"，龙宗智教授曾经借用卢梭的有名句式表达了此意。

③党的十八大再次明确："坚持和完善中国特色社会主义司法制度"。笔者以为，新一轮司法改革必须坚持中国特色，同时不忘学习借鉴海内外优秀的司法文明成果。中国特色主要体现在党的领导，人大这一根本政治制度以及检法两大司法机关并列等，这是司法改革必须毫不动摇坚持的特色；追求司法权独立行使、正当程序、司法公正和民主等司法价值，这是全世界共同的司法价值，我们也绝不能违背或者闭门造车。同注15，张智辉文第175—176页。

力。[1]由于中国特有的政治体制和司法体制，对中国检察权的本质属性和基本特征的认识，必须用辩证唯物主义和历史唯物主义的思维，辩证地、历史地看待权力本质与权力权能之间的关系，这是我们理性分析检察权的前提。

（一）检察权的本质

因不同的历史传统、宪政体制安排和国情，检察权在不同的法系不同的国度，其权能和本质属性可以有不同的配置和理解。从检察权的宪法地位特别是具体宪法文本来看，检察权与审判权一并单列规定在"五四宪法"第六节和"八二宪法"第七节（现行宪法第八节），据考证，这是以毛泽东同志为代表的第一代中央领导集体受到列宁否定检察机关的行政性而将检察权归属于司法权思想的影响而如此设计宪法文本。五四宪法生效至今，列宁社会主义国家检察权和审判权共同构成

---

①参见张学武.检察权性质辨析——审视宪法第129、131条之规定［J］.东岳论丛，2008.29（4）：170.

司法权的司法体制得到确认；①从权力属性角度看，检察权兼具司法之维和行政之维，本质属性兼具行政权性质和司法权性质；②从实际职能角度分析，可以说，中国检察权的核心职能包括公诉和检察监督（侦查监督、诉讼监督、执行监督和行政监督等），至于其检察监督这一职能仅仅属于其实际职能之一，③不能成为其最本质的属性。也就是说笔者赞同检察权性质的"双重属性说"，并且特别强调，在当前司法改革中要强化检察权的司法性，弱化其行政性。

为何笔者采纳双重属性说而不是法律监督说呢，首先是辨证和历史地区分检察权本质属性和核心职能。

①参见王建国.列宁检察权思想理论研究［M］.北京：北京大学出版社，2013：192-193.陈光中教授认为，根据我国宪法框架和实际情况，我国检察机关应当定位为司法机关。参见 1999年8月底，陈光中教授在最高检召开的主诉检察官办案责任制试点工作座谈会上的发言，转引自龙宗智.论检察［M］.北京：中国检察出版社，2013.

②关于一元本质主义哲学思维之反思、转变问题，以及检察权的复合式解读，请参见 谢佑平，燕星宇.我国检察权性质的复合式解读［J］.人民检察，2012（9）：49-53.

③至于审查逮捕权和司法救济权属于典型的司法权，在世界各国归属法院行使确属通例。

检察监督是检察权的核心职能之一，但不是其本质也不是其全部职能，检察监督更不能取代提起公诉、公益诉讼等日常最繁忙最接地气的检察核心职能。检察监督权是最具中国特色的专门监督权，其与职务犯罪侦查权、公诉权、公益诉讼权性质不同，虽同属于检察权范畴（逻辑上属检察权的下位范畴），但区别明显，绝不能将性质不同的多项核心职能人为论证为法律监督权，人为混淆不同性质的职权，在现实中会造成逻辑混乱和工作分配的权责利不清；①其次要有机联系地看待检察监

①在全面深化司法体制改革的大视野下定位检察院和检察官，首先要用现代权力分工和专业化合作的眼光定性检察权，检察监督作为检察权的下位范畴，是检察权的核心职能之一。反思部分学者根据现行《宪法》第一百三十四条，就简单地得出结论说检察权（宪法第一百三十六条）本质是法律监督权，甚至强行论证侦查权、公诉权、公益诉讼权，乃至于典型的司法权如审查逮捕权和司法救济权，都说成是监督权，检察监督核心职能取代检察权这一上位概念导致逻辑严重混乱，缺乏理论说服力。对比"五四宪法"条文，并没有"法律监督机关"的表述，因为直接表述为"检察机关"和"检察权"更合适，现行宪法将检察机关表述为法律监督机关，在突出检察监督这一核心职能的同时，容易使人们忽视公诉权和公益诉讼权两大最忙碌最接地气的核心职能，不利于实际检察工作的开展，对检察改革的实践性把握不准，方向容易走偏。故，现行宪法第一百三十四条应当修改为"中华人民共和国人民检察院是国家的检察机关"更恰当。

督和职务犯罪侦查、公诉的关系，稍有检察常识的人们都明白，我们的检察监督这一核心职能主要是在司法过程中实现的，如侦查监督离开刑事侦查过程和审查逮捕程序将成为空中楼阁，诉讼监督脱离审查起诉和提起公诉、支持公诉这些具体的司法工作，失去载体的检察监督从何谈起呢。[①]

反思一元主义哲学观，多维度复合式解读检察权不失是一种可以尝试的进路：从宪法文本考察，检察权和审判权同属司法权；从权力本身的属性和职能分析，检察权是兼具行政性和司法性的"双重属性"公权力，

---

①参见王建国.列宁检察权思想理论研究［M］.北京：北京大学出版社，2013：193.

其核心职能包括公诉和检察监督三项，^①另外，由于中国司法的特殊体制和现行立法的关系，审查逮捕权和司法救济权归属于检察院行使，^②他们共同构成了检察权这一丰富的"公权力束"。总之，基于宪法文本和实践理性考察，我们应当勇于承认检察权的"双重属性"，在司法改革中强调其司法性，弱化其行政性。

---

①长期以来，检察工作重视宣传"强化法律监督，维护公平正义"，却事实上忽视自身核心履职能力建设，核心职能包括侦控和检察监督，如职务犯罪侦查部门遇到重特大案件则急急调兵遣将，却无视平时的职业化、专业化的自侦人才培养，自侦部门的证据收集能力和正当程序遵守程度往往低于公安刑侦部门；基层检察院公诉部门常常由几个稚气的学生娃（二十多岁的刚毕业年轻检察官）作顶梁柱，经验丰富的青壮年检察官急于提升行政级别或调任其他科室，或感慨"干多干少一个样"而离开最繁忙风险最大也是最能发挥聪明才智的公诉部门。上述错谬怪象既有深层次的体制问题如检察人员和机关过度行政化的管理模式等原因，某种程度上源自人们忘记了检察院是并列于法院的"专门法律业务机关"，检务（侦控、检察监督）才是根本，自身收集审查证据能力和适用法律判断能力水平高才能在履行诸如侦控、检察监督核心职能过程中实现"强化法律监督，维护公平正义"使命。舍本（围绕核心职能的职业能力）逐末（空头监督）之举当休矣。

②在我国，法院有权对进入刑事诉讼程序的诉讼参与人决定逮捕，检察权对公安侦查的案件当事人有权批准逮捕，对职务犯罪侦查的案件当事人有权决定逮捕。这里的司法救济权具体表现在《刑事诉讼法》第47条和第115条规定。关于审查逮捕权和司法救济权在下文有论述。

（二）检察权的基本特征

我们认识到检察权在我国的宪政体制安排中是与审判权并列的司法权之一，权力属性上具有双重属性。对事物本质属性的归纳离不开其基本特征，对检察权性质的探讨亦如此。有关检察权基本特征的论述见之于众多的论文著作，一般包括国家代表性和公益代表性、主动性、程序性、诉讼性、法律性、监督性、独立性、中立性、专门性、事后性等特征。①其中，检察权的主动性和程序性特征已经成为学术界和实务界的共识，而客观性特征是笔者基于自身司法实践突出强调的一点。

1.主动性

检察权的侦控、公诉和检察监督等职权的运行都具有主动性特征。职务犯罪侦查要求积极高效行动，调

_____

① 有关检察权特征或运行特征的论述，可参见孙谦.中国的检察改革［J］.法学研究，2003（6）：6-8；王晓苏.关于我国当代检察权法理定位及权能配置模式的思考［M］.《检察论丛》第6卷，北京：法律出版社，2003：57；邓思清.检察权研究.北京：北京大学出版社，2007：73-78；韩大元.关于检察权性质的宪法文本解读［J］.人民检察，2005（13）；石少侠.论我国检察权的性质——定位于法律监督权的检察权［J］.法制与社会发展，2005（3）：87-88；朱孝清，张智辉.检察学［M］.北京：中国检察出版社，2010：320-321.等等。

查、收集、固定证据，为公诉工作做准备，主动追求破案效率；公诉权本质上是一种诉讼请求权，审查起诉后，决定起诉的案件一旦进入庭审阶段，公诉人会极力说服和请求法官听取控方的指控定性和量刑建议，主动追求胜诉率；检察监督权的有效行使要求检察机关对自己发现或经查实的控申请求，就机关和个人行为的合法性主动发出纠正违法通知书、检察建议，甚至主动对少数涉嫌职务犯罪的司法工作人员开展职务犯罪侦查

活动。^①至于审查逮捕权和司法救济权本属于典型的司

---

①检察权主动行使而不滥用是个问题。笔者曾经亲历检察监督的选择性和报复性执法：张某等人轮奸案，法院在审理过程中发现本案可能有遗漏被告人，于是依法向公诉机关发出司法建议，请公诉机关考虑另外不在案的两参与人是否构成强奸罪共犯，检察院当事科室领导以为不打招呼发司法建议是不给面子，接到司法建议还会影响本科室绩效考评，于是第二天立即发出"纠正违法通知书"——该轮奸案审限已达五个月，且检察院以为该案不属于延期情形，要求纠正法院的违法行为。法院初查认为自己已经依法向上级人民法院办理延期，并不存在违法，对其违法通知书不理不睬……此类诉讼监督中检法冲突的突发细节不得不引起人们对于权力正当行使问题的深思。在中国特有的政治体制和司法体制下，一旦某机关某个人具有监督另一机关或个人的权力，不管是上级对下级、同级之间还是下级对上级的监督，只要这种监督具有了实体的处分权力或影响力，则这种监督会很快成为"上位者"，进而打破原有的平衡。如唐代的节度使在唐代的政治实践中很快成为区域性的"诸侯"，最后权力制衡被无形中打破，割据势力成为大唐衰落的重要原因。今日之检察监督与此有根本区别，但是，对检察监督权的制约不容忽视，否则会消解行政权、审判权和检察权权力相互制衡的设置初衷，如部分基层法院在"无罪判决"制定中的纠结不得不引起决策层和立法者的深思。

法权，由法院行使本是世界司法通例，①特殊的历史原因、国情和司法体制下，如今将其配置在检察院，在此不论或另文论述。

2.客观性（相对独立性和中立性）

该特征源自备受瞩目的检察官客观义务，该特征要求检察官超越当事人地位，理性追求客观公正，其与检察权的中立性和相对独立性特征有着内在联系。与其说客观性特征是一种现实归纳不如说是一种人为构建和期许的"主观特征"。有感于基层司法实践的悖

---

① 大陆法系和英美法系主要国家，对人身自由的羁押决定权皆属法院行使。俄罗斯现行刑事诉讼法典，确立了检察长适用强制措施（当然包括审查逮捕权）的决定权应当受到司法审查，即对于涉及剥夺公民人身自由权及其他人身、财产、民主权利的侦查活动或者适用其他的强制措施时，必须经过法院决定才能对公民适用。就中国来说，当前即使将审查逮捕权直接转移至法院，实际意义不大，因为司法改革是中国转型期政治体制改革的一部分，在经济基础、社会环境、法治意识、司法配套制度不变的情况下单纯激进地改变某一项具体制度不会有实际效果。今后的司法改革，应当逐步强化法院司法审查侦查权和检察权，逐步确立刑事诉讼中的审判中心和庭审中心。关于诉讼监督改革问题更是复杂，见下文。参见王广辉.中俄检察制度及其改革比较.俄罗斯法学研究论丛（第一卷）［M］.北京：中国检察出版社，2010：226.

谬现象，①新刑事诉讼法修订扩张检察监督带来的"权力——义务"失衡，②特别是检察权面对审判中心和庭审中心为目标的诉讼体制改革，要求我们就此应有所专论。③

_____

①据笔者亲历和对基层司法的观察，刑事诉讼中公诉权和诉讼监督权同时委任出庭公诉人，确实存在矛盾现象。庭审中的公诉人是控方代表，经常与辩护方争得面红耳赤本属常态，但有时出现人身攻击极端现象，正所谓各有其职分使然也，被害人和控诉方常常选择性举证，有时候竟有意无意隐瞒无罪、罪轻证据，极力举证有罪、罪重证据，这在基层司法实践中并不罕见，非故作惊讶耸人听闻。证据乃正义之基础（边沁语），这般举证质证严重违背检察官的客观公正义务。另，公诉人起诉的案件若出现无罪判决，当事检察官及所在科室评先评优不但会受到不利影响，检察官个人还可能受到责任追求，所以，基于自身和所在科室现实利益、政治前途考量，公诉人有时候因内外压力（不独立则不公正）或自身素质故，并不十分关注案件本身的法律真实判断，只要作为公诉人出庭则必求"有罪判决"，决不允许出现一例无罪判决（除非是法检两机关领导已经充分沟通达成无罪默契），相比之下，量刑之轻重倒不是最重要的。一些学者假设的理论设想不能替代司法现实，更不能取消司法规律和人性的本真（乃至良知纠结和义利矛盾），公诉权的客观、有效行使要求检察官遵守客观公正义务。
②参见韩旭.检察官履行客观义务的程序保障——基于新《刑事诉讼法》实施的考量［J］.江苏行政学院学报，2013（1）：113-120.
③限于篇幅和行文需要，在此略论一二，笔者将另文专论检察权客观性和检察官客观义务。

中国检察权的准司法性质和检察监督核心职能要求检察权运行中体现客观中立性，当前的审查逮捕权和司法救济权配置于检察院，更需特别强调其客观中立性。具体来说，刑事诉讼中，具有行政和司法双重维度的检察权具有天然的"执法偏向"，在侦查控诉中具有不可避免的追诉犯罪倾向（追诉犯罪既是天职又极易出现过度致罪偏执），为了维持控辩平等、法院居中裁判的诉讼格局，针对现实中的超职权主义刑事诉讼，强调检察权超越当事人地位保有客观公正之立场在我国具有特殊的现实意义；检察监督是中国检察权的核心职能之一，在社会主义国家地位特殊、功能独特，理论上可以区分侦查权、公诉权和检察监督权，但实际的权力运行中往往交叉融汇难以绝对辨析，如诉讼监督在性质和功能上都与侦控权有本质区别，但是前者的有效实现断断离不开后者这一载体，司法实践中出庭公诉人同时担任角色冲突的监督者也困扰我们多年而不得其解。在检察监督过程中强调客观性是保证其依法公正适度监督和取得监督公信力的必然前提。审查逮捕权和司法救济权配置与检察院的现实立法，使检察权拥有典型司法职权，面对侦查方和犯罪嫌疑人，面对申请司法救济方和被申请方，居中的检察权必须绝对取客观中立之立场，保持公正态度和独立判断，决定公民自由的长期羁押决定权和司法救济方有落实之可能。总之，中国检察权的准司法性质、检察监督职能和特殊的司法权配置决定了客观性成为检察权的必然特征。[①]

3.程序性

除了正当程序（检察权自身运行程序正当）意义上的程序性外，相比审判权和行政权，检察权具有突出的程序启动性而不是终局性的实体处分或裁判。侦控为庭审准备程序，启动审判程序；检察监督通常仅仅是程序意义上的而非终局意义上的提醒和督促，如纠正违法通知书只是一种提醒，检察建议仅为督促，监督对象的

---

①关于检察官客观公正义务、检察权客观中立性、独立特征的代表性著作如：龙宗智.检察官客观义务论［M］.北京：法律出版社，2014；龙宗智.中国法语境中的检察官客观义务［J］.法学研究，2009（4）：137-156；孙长永.检察官客观义务与中国刑事诉讼制度改革［J］.人民检察，2007（17）；陈雷.检察官的客观义务比较研究［J］.国家检察官学院学报，2005（4）；［日］松本一郎.检察官的客观义务［J］.郭布，罗润麒译.法学译丛，1980：2.等等。

行为是否合法还需要其自身判断，特别是诉讼监督中不存在"法官之上的法官"，绝不是个别学者所说的，公诉机关可直接改变裁判结果，如此则法院将形同虚设，司法将不复存在。值得注意的是，侦查机关在启动刑事调查程序后，经初查依法撤案的决定或者公诉机关审查起诉后依法作出不起诉决定，刑事诉讼过程中这两种情形下的决定具有一定的"终局性"，这体现了司法的裁判性，但就大多数正常的刑事案件调查、起诉来说，程序性而非终局性特征才是常态，才是检察权运行的基本特征之一。

二、检察权的功能机理和失效原因

检察权的性质和基本特征内在地决定了其具有何种功能，而功能的发挥体现在具体的职能运作中：检察权有六项职能即侦查、控诉、监督、案件管理、审查逮捕和司法救济等，其中公诉和检察监督是其核心职能，^①上述职能的有效运作是检察功能发挥作用的前提和基础。功能或有失效现象，原因何在，在此一并探讨。

（一）功能

笔者在探讨审判权时曾经借鉴罗伯特·默顿对功能的分类将审判权的功能分为显功能和潜功能。宪政结构中与审判权并列的"准司法权"——检察权，其功能与审判权功能具有一定的宏观类似性，但具体的作用有别。在此仍沿用上例，将检察权的功能区分为显功能和潜功能两类。^②

1.显功能

（1）法制统一。列宁为巩固新生的苏维埃政权和针对苏维埃共和国各区域法制不统一、地方影响、官僚

———————

①中国检察权是由性质不同的多项权力组成的"权力束"，现行《刑事诉讼法》第3条及《人民检察院刑事诉讼规则》（2013年版）第一编第一章规定了检察权的四项主要职能，即职务犯罪侦查、审查逮捕、公诉和检察监督。

②关于功能的详细研究参见 [美]罗伯特·默顿.社会理论和社会结构［M］.唐少杰，齐心等译.南京：译林出版社，2006.第三章"显功能和潜功能"。笔者曾在拙文《论审判权的性质》一文中借用此分类法分析审判权的功能。

主义等实际问题提出，"法制不能有卡卢加省的法制，喀山省的法制，而应是全俄统一的法制，甚至是全苏维埃共和国联邦统一的法制"。①中国检察权的法制统一功能设计最初来自列宁的法制统一思想。具体来说，法制统一有两层含义：其一，立法统一，立法权统一于全国人大，形成以宪法为核心的统一的法律体系；最高人民检察院认为行政法规、地方性法规、自治条例和单行条例同宪法或者法律相抵触的，可以向全国人大常委会书面提出进行审查的请求，由常委会工作机构分送有关的专门委员会进行审查、提出意见；②其二，法律实施统一，指确保法律的统一正确实施（行政执法和司法统一）。

值得注意的是，检察机关承担法制统一的神圣使命却有不能承受之重。关于违宪审查，应在全国人大常委会下设违宪审查委员会或成立宪法法院落实审查违宪或者违反基本法行为的法治需要，检察院可以根据人大授权享有违宪调查权，提交法院进行实质性司法审查和

①列宁全集（第43卷）[M].北京：人民出版社，1987：195–197.
②详见《立法法》第90条规定。

裁判是否违宪、违反基本法律；由"一府一委两院"中的检察院确保政府和法院统一正确实施法律，无论从权力配置、权力运行、人才素质还是从现代各国分权制衡的实践来看，在现实中存在诸多矛盾和问题。

（2）权力制约。人们越来越形成一种共识，要将权力关进制度的笼子里，驯服利维坦，除了人民监督即权利制约权力外，更要靠权力制约权力。在中国的依宪治国、依宪执政体制下，人大之下的行政权、监察权、审判权和检察权分权制衡，相互制约，以保证权力体系的有效、和谐运行。特别是检察权享有专门的检察监督权，对行政权和审判权进行法律监督，防止行政侵权和审判擅断，在社会主义初级阶段的法治建设早中期有着特殊的历史意义。

值得注意的是，诉讼监督和审判权威之间的平衡不得不引起我们的深思。客观地讲，当前中国法院的审判权威严重不足，除了法治信仰缺失、规则意识淡漠、法治观念稀缺外，当事人"讲权利不讲义务，服于利而不是理""信监督不信裁判"不仅仅表现在恶性缠访闹访事件中，在部分地方似乎成了一种社会风气，大有消解司法最后权威之势。①20世纪末以来的检察改革，以"强化法律监督，维护公平正义"为主题，抓住司法不公不廉的牛鼻子，收效甚巨，两轮改革的成果集中体现在三大诉讼法的修正中，诉讼法中的检察监督权总体上获得强化。本轮检察改革在加强监督的同时更要有意识地维护审判权威。既要明确检察权和审判权之间是相互制约关系——在以审判为中心的诉讼体制中法院通过司法审查引导和控制侦控活动并防止其权力的过度扩张和滥用，诉讼监督对侦查权、审判权、执行权和未决羁押权进行监督维护司法公正，又要特别注意诉讼监督的中立性和正当程序，如目前公诉和监督未作明确区分的地方，出庭公诉人提出监督意见的一般应在庭后书面提出，不应当庭提出，避免在辩方和旁听人员中形成"法官之上的法官之印象"，主动维护法官居中裁判、不偏

①省的案件中，当事人遇到疑难复杂案件，人情关系大战、金钱大战不可避免，似乎没有人情关系、利益输送，当事人就绝不会得到司法公正似的，也有的只信大于法官的"官"和可以监督法院的监督者。这些怪现象应当说是中国熟人社会的侧面，更是人治社会的遗毒，我们应当主动维护审判权威和司法公信，不能顺应所谓虚假民意、迎合消解司法权威的风气。今后，检察监督的中立性、客观性和正当程序建设特别需要付出努力。

不倚的形象；新刑事诉讼法第四十九条和第一百一十七条使检察院获得超出一般检察监督意义上的司法救济权，制度设计是否严重违背司法规律在此不论，但司法救济要求承办检察官成为绝对独立、中立、不偏袒任一方的"司法官"，集中负载司法权威的法官也可能成为被控申的一方"当事人"，对于法官的控申，除了涉及职务犯罪依法报批外，不应当随意传唤法官到检察机关听证或答辩，否则，审判权威荡然无存，司法救济的错误配置也将成为中国司法之灾难。

（3）权利救济。除了对行政违法行为（发现行政机关违法行使职权或不行使职权行为的督促纠正制度）进行监督以防止行政侵权、救济行政相对人权利外，检察权的权利救济作用集中体现在刑事诉讼中惩治预防犯罪和保障人权两方面。公益诉讼是对公共利益的救济。特别是审查逮捕和司法救济权目前配置于检察院，不管其立法例是否有争议，但目前对人身自由的救济和刑诉法第四十九条、第一百一十七条规定的司法救济情形，自然成为检察权权利救济功能的范围。

值得注意的是，我们常常强调惩罚犯罪和保障人权中的检法相互合作，似乎这不是一个问题。对近现代法治精义的研读和司法实践的亲身体验告诉我们，这一原则的适用确实存在问题。我国第一部《刑事诉讼法》即七九刑诉确立了"分工负责，互相配合、互相制约"的刑事办案基本原则，八二宪法对此予以确认。该原则的确立对于纠正"文革"时期的混乱人治有积极的历史意义，但今天看来，其弊端明显。其一，侦控机关和审判机关讲配合，损害了审判机关的中立性（不偏不倚居中裁判），有害于"控辩平等，法官居中裁判"的三角形抗辩式诉讼结构的正常运转，事实上，法检公之间配合远多于制约，无视当事人、代理人和辩护人的法律地位和作用，互相配合侵犯当事人权益的现象并不鲜见；①其二，相互配合、相互制约，加上实际运行的侦查中心和案卷笔录中心，不利于以审判为中心的诉讼体制形成，非法证据排除的不可能和辩护权的长期虚弱违

①在公诉案件撤诉和法院宣告无罪判决难产的事例中，这种配合侵害当事人权益的表象尤为突出。侦查机关随意采用强制措施，审查起诉流于形式，大量存疑案件自动流入法庭，法院在无奈中配合作出疑罪从轻、从挂的处理。另参见陈光中，龙宗智.关于深化司法改革若干问题的思考［J］.中国法学，2013（4）.

背了基本的诉讼规律，法庭对案件调查和审理流于形式的根源亦在此。①

2.潜功能

检察权除了具有预设的显功能外，也有一些潜在的有利作用。如社会治理、政策形成和立法完善等，鉴于这些潜功能与审判权潜功能的宏观相似性，限于篇幅不再展开。②

（二）功能失效及原因

法制统一使命的不能承受之重上文已有论述。关于权力制约和权利救济的有时失灵，除了上文提到的诉讼体制原因、立法例争议之外，③还有如下原因：一是过度行政化。法官、检察官的行政科层制管理、检察办案方式的"默认审批制"、机构设置的行政化大于司法

———————————

①参见陈瑞华.案卷笔录中心主义——对中国刑事审判方式改革的重新考察［J］.法学研究，2006（4）：63-79.

②关于审判权的潜功能，请参见本书第一篇："论审判权的性质"审判权功能部分论述。

③指实际运行的侦查中心和案卷笔录中心而非审判中心和庭审中心诉讼体制；审查逮捕权和司法救济权这两种典型的需要绝对独立、中立性和居中裁判的司法权力配置于检察院。

化等过度行政化，导致检察功能低效、失灵。二是乡土、熟人社会的人情、关系消解。我国仍然处于乡土社会、熟人社会向工商业社会、陌生人社会，人情关系社会向规则法律社会转变的"痛苦的过程中"——血缘、地缘、情缘向法缘（信仰法治，规则治理）转变中。在基层司法实践中，几乎50%以上的案件都要经历人情关系的考验，理性设计的相互制约不可避免地被中国式默契配合取代，权利救济"看脸面和关系"而不同。①三是部分地方利益集团压力传导。改革开放以来，先富起来的地方不可避免地出现了利益集团。检察独立性经常受到挑战难免有时妥协。②四是检察院独立性保障不足。在地方，检察院常常和法院一起被视为地方职能部

①关于熟人社会和陌生人社会的有趣描述，请参见费孝通先生的名著《乡土中国》。

②据观察，审查起诉中不起诉案件占比约5%，多为人情关系消解和外在压力所致。相比，本应通过审查起诉环节将存疑案件排除于法庭之外的存疑不起诉裁量权几乎虚置不用，检察官将存疑案件按照诉讼流水递交法庭，一方面加大了司法压力，另一方面冤假错案产生概率大为增加。2015年9月两高都颁布了两高司法责任制意见，两意见虽具有一定的威慑力却不能说抓住了司法改革的牛鼻子。牛鼻子在于过度行政化、人情社会消解和其他体制问题。

门，财政依赖于地方供给，检察院独立性保障不足。[①]

三、未来的一点设想

结合现行宪法文本和实践理性意义上对检察权的考察，可以说，检察权是一种诉权和监督权的混合型公权力，如果一定要从典型的三权范式分析，其兼具司法性和行政性，其功能主要体现在法制统一、权力制约和权利救济方面。

虽然近几年的检察改革取得明显成效，"监督中办案，办案中监督"理念指导下的诸如"捕诉一体""四大检察""十大业务"改革有序推进，但是其背后的法治理念仍是忽视检察权司法性，过度保守所谓"监督权"定位。套用立法权、行政权和司法权这一典型的西式类型化权力模型或者自说自话、不顾新时代的权力格局现状，一味顽固保守"法律监督机关"的宪法规定的政治性条文，这是导致我们对检察权法律定性研究出现偏差的根本原因。只有突破上述偏见，对检察权

①参见刘忠."命案必破"的合理性论证：一种制度结构分析［J］.清华法学，2008（2）.

运行的实践进行理性考察，结合域外检察有益经验（大陆法系的检察权类司法、英美法系的检察权类行政、苏联社会主义法系的检察权强调监督权能），才能相对准确判断检察权的现状、问题、挑战和未来趋势。反思检察权的实践理性可知，检察权的本质属性在于诉权即提起公诉（含民事行政公益诉讼），进一步质言之，法律意义上属于请求权，归根到底在于提起诉讼，将请求事项提交法院裁决。如果区分属性与权能，可以说，检察院行使的侦查权和检察监督权属于两项特别权能：检察监督，通过意见、建议、提起诉讼和抗诉方式实现监督，现实中主要体现在以"提起诉讼"或抗诉（"提交上级法院诉讼"）等方式实现刚性监督权能；部分自侦权和补充侦查权，属于司法活动中的行政性权力，与警察权中的刑事侦查权权能和监察权中的刑事犯罪调查权权能并无本质区别。

所以说，突破传统三权范式的认知，检察权本质上属于请求权和监督权的混合型权力。新时代的检察权运行，在监察体制改革（监察机关是专门法律监督机关）和司法体制改革（确立以审判为中心的诉讼制度）

背景下，应形成以提起诉讼为核心，检察监督为辅助的检察工作格局。

参考文献

一、专著

［1］谢勇，肖北庚，吴秋菊.立法权配置与运行实证研究［M］.北京：民主与建设出版社，2018.

［2］戚渊.论立法权［M］.北京：中国法制出版社，2002.

［3］易有禄.立法权正当行使的控制机制研究［M］.北京：中国人民大学出版社，2011.

［4］武钦殿.地方立法专题研究：以我国设区市的市地方立法为视角［M］.北京：中国法制出版社，2018.

［5］宋方青，姜孝贤，程庆栋.我国地方立法权配置的理论与实践研究［M］.北京：法律出版社，2018.

［6］周伟.各国立法机关委员会制度比较研究［M］.济南：山东人民出版社，2005.

［7］张希坡.人民代表大会制度创建史［M］.北京：中共党史出版社，2009.

［8］荆月新.1947年宪法体制下的中央立法权研究

［M］.北京：法律出版社，2012.

［9］王沪宁.政治的逻辑——马克思主义政治学原理

［M］.上海：上海人民出版社，2016.

［10］王沪宁.政治的人生［M］.上海：上海人民出版

社，1994.

［11］卓泽渊.法的价值论［M］.北京：法律出版社，

2018.

［12］卓泽渊.法治国家论［M］.北京：法律出版社，

2018.

［13］卓泽渊.法政治学研究［M］.北京：法律出版

社，2018.

［14］刘平.立法原理、程序与技术［M］.上海：学林

出版社，上海人民出版社，2017.

［15］翟国强.立法［M］.南京：江苏人民出版社，

2016.

［16］莫纪宏，翟国强.宪法学的新发展［M］.北京：

中国社会科学出版社，2014.

［17］杜飞进.中国的国家治理——国家治理现代化研

究［M］.北京：商务印书馆，2017.

［18］胡建淼.公权力研究——立法权、行政权、司法权［M］.杭州：浙江大学出版社，2005.

［19］韩大元.公法的制度变迁［M］.北京：北京大学出版社，2009.

［20］梁琴，钟德涛.中外政党制度比较［M］.北京：商务印书馆，2017.

［21］曹海晶.中外立法制度比较［M］.北京：商务印书馆，2016.

［22］张立荣.中外行政制度比较［M］.北京：商务印书馆，2019.

［23］尤光付.中外监督制度比较［M］.北京：商务印书馆，2019.

［24］胡盛仪.中外选举制度比较［M］.北京：商务印书馆，2014.

［25］陈业宏，唐鸣.中外司法制度比较［M］.北京：商务印书馆，2015.

［26］高秉雄，苏祖勤.中外代议制度比较［M］.北京：商务印书馆，2014.

［27］赵鹏.风险社会的行政法回应［M］.北京：中国政法大学出版社，2018.

［28］王兆刚.国民党训政体制研究［M］.北京：中国社会科学出版社，2004.

［29］谢冬慧.民国时期行政权力制约机制研究——以南京国民政府行政审判制度为例［M］.北京：法律出版社，2016.

［30］章剑生.现代行政法基本理论（第二版）［M］.北京：法律出版社，2014.

［31］马怀德.行政法前沿问题研究——中国特色社会主义法治政府论要［M］.北京：中国政法大学出版社，2018.

［32］丁煌.西方行政学说史［M］.武汉：武汉大学出版社，2017.

［33］杨登峰主编.当代中国的法治政府建设［M］.北京：法律出版社，2017.

［34］周方冶等.东亚五国政治发展的权力集团研究［M］.北京：中国社会科学出版社，2016.

［35］高一涵.欧洲政治思想史［M］.北京：东方出版

社，2013.

［36］张弘.徜徉在权利与权力之间的行政行为——作
为行政法基本范畴的行政行为及其展开［M］.
北京：法律出版社，2018.

［37］何海波.实质法治——寻求行政判决的合法性
［M］.北京：法律出版社，2009.

［38］应松年.法治政府［M］.北京：社会科学文献出
版社，2016.

［39］金国坤.行政权限冲突解决机制研究：部门协调
的法制化路径探寻［M］.北京：北京大学出版
社，2010.

［40］戚建刚.法治国家架构下的行政紧急权力［M］.
北京：北京大学出版社，2008.

［41］石佑启，陈咏梅.法治视野下行政权力合理配置
研究［M］.北京：人民出版社，2016.

［42］骆孟炎，周隆基.行政法治视域下的政府职能转
变研究［M］.北京：知识产权出版社，2017.

［43］郜风涛.行政复议法教程［M］.北京：中国法制
出版社，2011.

［44］曹鎏.行政官员问责的法治化［M］.北京：中国法制出版社，2011.

［45］萨孟武.政治学与比较宪法［M］.北京：商务印书馆，2018.

［46］萨孟武.中国社会政治史［M］.北京：生活·读书·新知三联书店，2019.

［47］焦石文.中国权力结构转型的哲学研究［M］.北京：中国社会科学出版社，2017.

［48］卓泽渊.中国的法治之路［M］.北京：外文出版社，2018.

［49］王家峰.行政权的共和化［M］.南京：南京师范大学出版社，2015.

［50］黄晓峰，陈诚.国家权力监控机制比较研究［M］.北京：人民出版社，2009.

［51］黄启辉.行政救济构造研究——以司法权与行政权之关系为路径［M］.武汉：武汉大学出版社，2012.

［52］陈家刚.中国根本政制制度的运行轨迹——历届全国人大会议比较研究［M］.北京：中国社会

科学出版社，2019.

［53］周永坤.宪政与权力［M］.济南：山东人民出版
社，2008.

［54］马岭.宪法权力解读［M］.北京：北京大学出版
社，2013.

［55］汪习根.权力的法治规约——政治文明法治化研
究［M］.武汉：武汉大学出版社，2009.

［56］桑玉成，丁斌.权力素描像［M］.天津：天津人
民出版社，2018.

［57］邓正来.中国法学向何处去——建构"中国法律
理想图景"时代的论纲［M］.北京：商务印书
馆，2006.

［58］中央纪委、国家监委法规室编.中华人民共和
国监察法释义［M］.北京：中国方正出版社，
2018.

［59］张晋藩.中国近代监察制度与法制研究［M］.北
京：中国法制出版社，2017.

［60］秦前红，叶海波等.国家监察体制改革研究
［M］.北京：法律出版社，2018.

〔61〕张千帆.宪法学导论——原理与应用（第三版）〔M〕.北京：法律出版社，2014.

〔62〕张千帆.宪政原理〔M〕.北京：法律出版社，2015.

〔63〕陈国权等.权力制约监督论〔M〕.杭州：浙江大学出版社，2013.

〔64〕后向东.权力限制哲学——权力限制模式及其作用机制研究〔M〕.北京：中国法制出版社，2018.

〔65〕郭道晖等.政党与宪制〔M〕.北京：法律出版社，2016.

〔66〕肖滨.现代政治与传统资源〔M〕.北京：中央编译出版社，2004.

〔67〕马立诚.最近四十年中国社会思潮〔M〕.北京：东方出版社，2017.

〔68〕沈跃东.宪法上的监察专员研究〔M〕.北京：法律出版社，2014.

〔69〕陶道强.明代监察御史巡按职责研究〔M〕.北京：中国社会科学出版社，2017.

［70］胡沧泽.中国监察史论［M］.北京：中国书籍出版社，2012.

［71］管文虎.国家形象论［M］.成都：电子科技大学出版社，2000.

［72］鲁明健.中国司法制度讲义［M］.北京：人民法院出版社，1987.

［73］鲁明健.中国司法制度教程［M］.北京：人民法院出版社，1991.

［74］熊先觉.中国司法制度［M］.北京：中国政法大学出版社，1986.

［75］王学辉，宋玉波等.行政权研究［M］.北京：中国检察出版社，2002.

［76］魏定仁.宪法学［M］.北京：北京大学出版社，1994.

［77］胡夏冰.司法权：性质与构成的分析［M］.北京：人民法院出版社，2003.

［78］陈玉忠.宋代刑事审判权制约机制研究［M］.北京：人民出版社，2013.

［79］沈宗灵.法理学［M］.北京：高等教育出版社，

1994.

［80］张文显.法理学［M］.北京：高等教育出版社、北京大学出版社，1999.

［81］蔡定剑.中国宪法精释［M］.北京：中国民主法制出版社，1996.

［82］李林.走向宪政的立法［M］.北京：法律出版社，2003.

［83］中央文献研究室编.十五大以来重要文献选编（下）［M］.北京：中央文献出版社，2011.

［84］金冲及.生死关头——中国共产党的道路抉择［M］.北京：生活·读书·新知三联书店，2017.

［85］程春明.司法权及其配置——理论语境、中英法式样及国际趋势［M］.北京：中国法制出版社，2009.

［86］张明楷.刑法格言的展开［M］.北京：北京大学出版社，2013.

［87］黄竹胜.司法权新探［M］.桂林：广西师范大学出版社，2003.

［88］朱孝清，张智辉.检察学［M］.北京：中国检察

　　出版社，2010.

［89］张智辉.检察权研究［M］.北京：中国检察出版

　　社，2007.

［90］王建国.列宁检察权思想理论研究［M］.北京：

　　北京大学出版社，2013.

［91］韩大元.1954年宪法与新中国宪政［M］.长沙：

　　湖南人民出版社，2004.

［92］谢佑平等.中国检察监督的政治性和司法性研究

　　［M］.北京：中国检察出版社，2010.

［93］何海波.法学论文写作［M］.北京：北京大学出

　　版社，2014.

［94］钱穆.中国历代政治得失［M］.北京：生活·读

　　书·新知三联书店，2001.

［95］龙宗智.论检察［M］.北京：中国检察出版社，

　　2013.

［96］朱孝清.论检察［M］.北京：中国检察出版社，

　　2014.

［97］邓思清.检察权研究［M］.北京：北京大学出版

社，2007.

［98］王广辉.中俄检察制度及其改革比较［M］.《俄罗斯法学研究论丛》（第一卷）［M］.北京：中国检察出版社，2010.

［99］张根大.司法独立结构分析［M］.改革司法——中国司法改革的回顾与前瞻［M］.北京：社会科学文献出版社，2005.

［100］龙宗智.检察官客观义务论［M］.北京：法律出版社，2014.

［101］张鸿巍.美国检察制度研究［M］.北京：人民出版社，2011.

［102］李勇.审查起诉的原理与方法［M］.北京：法律出版社，2014.

［103］燕继荣.政治学十五讲［M］.北京：北京大学出版社，2004.

［104］段治文，钟学敏，詹于虹.中国现代化进程［M］.杭州：浙江大学出版社，2008.

［105］范忠信，郑定，詹学农.情理法与中国人［M］.北京：北京大学出版社，2011.

［106］任剑涛.公共的政治哲学［M］.北京：商务印书馆，2016.

［107］刘军宁.保守主义［M］.北京：社会科学出版社，1998.

［108］刘瑜.民主的细节［M］.上海：上海三联书店，2016.

［109］刘瑜.观念的水位［M］.南京：江苏凤凰文艺出版社，2016.

［110］萧公权.中国政治思想史［M］.沈阳：辽宁教育出版社，1998.

［111］萧公权.宪政与民主［M］.北京：清华大学出版社，2006.

［112］于海.西方社会思想史［M］.上海：复旦大学出版社，2018.

［113］季卫东.宪政新论——全球化时代的法与社会变迁［M］.北京：北京大学出版社，2010.

［114］包刚升.民主崩溃的政治学［M］.北京：商务印书馆，2015.

［115］张文显.法哲学范畴研究［M］.北京：中国政法

大学出版社，2003.

[116] 苏力.大国宪制：历史中国的制度构成［M］.北京：北京大学出版社，2018.

[117] 葛兆光.中国思想史［M］.上海：复旦大学出版社，2017.

[118] 曾水英.理解政治权力——权力问题的西方政治思想史考察［M］.北京：中央编译出版社，2013.

[119] 杜飞进.中国的治理：国家治理现代化研究［M］.北京：商务印书馆，2017.

[120] 王兆刚.国民党训政体制研究［M］.北京：中国社会科学出版社，2004.

[121] 李景鹏.权力政治学［M］.北京：北京大学出版社，2017.

[122] 王治心.中国宗教思想史大纲［M］.北京：东方出版社，1996.

[123] 中共中央组织部党建研究所课题组.中国共产党执政规律研究［M］.北京：党建读物出版社，2004.

［124］鄢一龙等.大道之行：中国共产党与中国社会主义［M］.北京：中国人民大学出版社，2017.

［125］马立诚.历史的拐点：中国历朝改革变法实录［M］.北京：东方出版社，2017.

［126］张明楷.罪刑法定与刑法解释［M］.北京：北京大学出版社，2012.

［127］陈瑞华.比较刑事诉讼法［M］.北京：中国人民大学出版社，2010.

［128］陈瑞华.刑事诉讼中的问题与主义（第二版）［M］.北京：中国人民大学出版社，2013.

［129］陈瑞华.刑事诉讼的前沿问题（第五版）［M］.北京：中国人民大学出版社，2016.

［130］秋风.法治二十讲［M］.天津：天津人民出版社，2008.

［131］翟国强.依宪治国：理念、制度与实践［M］.北京：中国政法大学出版社，2016.

［132］翟国强.宪法判断的原理与方法：基于比较法的视角［M］.北京：清华大学出版社，2019.

［133］刘杰等.中国式民主——一种新型民主形态的兴

起和成长［M］.北京：时事出版社，2014.

［134］张晋藩.中国监察法制史稿［M］.北京：商务印书馆，2007.

［135］徐式佳.中国监察史略［M］.上海：上海三联书店，2014.

［136］修晓波.明朝巡视监察制度辑要——《大明会典》有关记载译著［M］.北京：中国方正出版社，2016.

［137］余蔚.中国古代地方监察体系运作机制研究［M］.上海：上海古籍出版社，2014.

［138］吴珏.民主革命时期中国共产党党内监察机制研究［M］.北京：人民出版社，2012.

［139］赵贵龙.中国历代监察制度［M］.北京：法律出版社，2010.

［140］孙谦.检察理论研究综述（1999–2009）［M］.北京：中国检察出版社，2009.

［141］张智辉.论检察［M］.北京：中国检察出版社，2013.

［142］陈卫东.转型与变革：中国检察的理论与实践

〔M〕.北京：中国人民大学出版社，2015.

〔143〕黄道秀.俄罗斯法研究〔M〕.北京：中国政法大学出版社，2013.

〔144〕何勤华.检察制度史〔M〕.北京：中国检察出版社，2011.

〔145〕张泽涛.司法权专业化研究〔M〕.北京：法律出版社，2009.

〔146〕冯象.政法笔记〔M〕.南京：江苏人民出版社，2004.

〔147〕李如林.检察理论重点问题〔M〕.北京：中国检察出版社，2015.

〔148〕信春鹰，李林.依法治国与司法改革〔M〕.北京：社会科学文献出版社，2008.

〔149〕匡萃坚.当代西方政治思潮〔M〕.北京：社会科学文献出版社，2005.

二、译著

〔1〕[德] 阿克塞尔·文德勒等.审判中询问的技巧与策略〔M〕.丁强等译.北京：中国政法大学出版社，

2012.

［2］[美] 弗朗西斯·福山.国家建构：21世纪的国家治理与世界秩序［M］.郭华译.上海：学林出版社，2017.

［3］[美] 约瑟夫·S·奈.美国注定领导世界？——美国权力性质的变迁［M］.刘华译.北京：中国人民大学出版社，2012.

［4］[美] W·菲利普斯·夏夫利.权力与选择（第13版）［M］.孟维瞻译.北京：世界图书出版公司，2015.

［5］[美] 哈罗德·J.伯尔曼.法律与革命——西方法律传统的形成［M］.贺卫方等译.北京：法律出版社，2008.

［6］[美] 弗朗西斯·福山.政治秩序与政治衰败：从工业革命到民主全球化［M］.毛俊杰译.桂林：广西师范大学出版社，2016.

［7］[英]弗里德利希·冯·哈耶克.法律、立法与自由［M］.邓正来等译.北京：中国大百科全书出版社，2003.

［8］[德]拉德布鲁赫.法学导论［M］.米健译.北京：商务印书馆，2019.

［9］[英]边沁.道德与立法原理导论［M］.时殷弘译.北京：商务印书馆，2020.

［10］[德]卡尔·拉伦茨.法学方法论［M］.陈爱娥译.北京：商务印书馆，2005.

［11］[美]本杰明·卡多佐.司法过程的性质［M］.苏力译.北京：商务印书馆，2015.

［12］[德] 阿图尔·考夫曼.法律获取的程序———一种理性分析［M］.雷磊译.北京：中国政法大学出版社，2015.

［13］[美]庞德.通过法律的社会控制［M］.沈宗灵译.北京：商务印书馆，2017.

［14］[美]约翰·罗尔斯.正义论［M］.何怀宏等译.北京：中国社会科学出版社，2018.

［15］[英]伯特兰·罗素.权力论———新社会分析［M］.吴友三译.北京：商务印书馆，2016.

［16］[美]约瑟夫·奈.论权力［M］.王吉美译.北京：中信出版社，2015.

［17］[美]威廉·J.基夫等.美国立法过程——从国会到州议会（第十版）［M］.王保民等译.北京：法律出版社，2019.

［18］[美]格尔哈特·伦斯基.权力与特权：社会分层的理论［M］.关信平等译.北京：社会科学文献出版社，2018.

［19］[英]肯尼思·E.博尔丁.权力的三张面孔［M］.张岩译.北京：经济科学出版社，2012.

［20］[法]埃米尔·涂尔干.社会分工论［M］.渠东译.北京：生活·读书·新知三联书店，2008.

［21］[美]费正清.中国的思想与制度［M］.郭晓兵等译.北京：世界知识出版社，2008.

［22］[美]汉密尔顿等.联邦党人文集［M］.程逢如等译.北京：商务印书馆，2015.

［23］[德]谢林.论人类自由的本质及相关对象［M］.先刚译.北京：北京大学出版社，2019.

［24］[法]耶夫·西蒙.权威的性质与功能［M］.吴彦译.北京：商务印书馆，2018.

［25］[德]康德.康德三大批判合集［M］.邓晓芒译，杨

祖陶校.北京：人民出版社，2009.

［26］[德]康德著，李秋零主编.康德著作全集［M］.北

京：中国人民大学出版社，2020.

［27］[德]赫尔德.反纯粹理性——论宗教、语言和历史

文选［M］.张晓梅译.北京：商务印书馆，2010.

［28］[英] 霍布斯.利维坦［M］.黎思复等译.北京：商

务印书馆，2017.

［29］[英] 戴维·威廉姆斯.伏尔泰政治著作选［M］.李

竞等译.北京：中国政法大学出版社，2014.

［30］[英]亚当·弗格森，[以]法尼娅·奥兹—萨尔兹

伯格.文明社会史论［M］.张雅楠等译.北京：中

国政法大学出版社，2015.

［31］[美] 迈克尔·加加林等.早期希腊罗马政治思想：

从荷马到智者［M］.蒋栋元译.北京：中国政法

大学出版社，2013.

［32］[美] 理查德·A·波斯纳.正义、司法的经济学

［M］.苏力译.北京：中国政法大学出版社，

2002.

［33］[美]小G.宾厄姆·鲍威尔等.当代比较政治学——

世界视野［M］.杨红伟等译.上海：上海人民出版社，2017.

［34］[美] 汉娜·阿伦特.极权主义的起源［M］.林骧华译.北京：生活·读书·新知三联书店，2017.

［35］[英] 雷蒙德·瓦克斯.法哲学：价值与事实［M］.谭宇生译.南京：译林出版社，2018.

［36］[美]庞德.法哲学导论［M］.于柏华译.北京：商务印书馆，2020.

［37］[德]迪特玛尔·冯·德尔·普佛尔滕.法哲学导论［M］.雷磊译.北京：中国政法大学出版社，2020.

［38］[德]卡尔·乔吉姆·弗里德里希.历史视域下的法哲学［M］.张超译.北京：商务印书馆，2020.

［39］[英] 戴维·米勒.政治哲学与幸福根基［M］.李里峰译.南京：译林出版社，2018.

［40］[德] 古斯塔夫·拉德布鲁赫.法哲学入门［M］.雷磊译.北京：商务印书馆，2019.

［41］[美] 帕特里克·赖利.莱布尼茨政治著作选［M］.张国帅等译.北京：中国政法大学出版社，2014.

［42］[美] 汉斯·摩根索.德性与权力［M］.董成龙等
译.上海：上海三联书店，2015.

［43］[美] 朱尔斯·科尔曼等.牛津法理学与法哲学手册
［M］.杜宴林等译.上海：上海三联书店，2019.

［44］[美]迈克尔·D 贝勒斯.法律的原则——一个规范
的分析［M］.张文显等译.北京：中国大百科全
书出版社，1996.

［45］[英]约翰·洛克.政府论［M］.叶启芳等译.北京：
商务印书馆，1964.

［46］[英]约翰·洛克.政府论［M］.丰俊功，张玉梅
译.北京：北京大学出版社，2014.

［47］[意]尼科洛·马基雅维利.君主论［M］.潘汉典
译.北京：商务印书馆，2005.

［48］[英]罗素.西方哲学史［M］.何兆武等译.北京：商
务印书馆，2011.

［49］[美]理查德·塔纳斯.西方思想史［M］.吴象婴等
译.上海：上海社会科学院出版社，2020.

［50］[美]杰里米·沃尔德伦.立法的尊严［M］.徐向东
译.上海：华东师范大学出版社，2019.

［51］[法] 让·雅克·卢梭.社会契约论［M］.何兆武译.北京：商务印书馆，1982.

［52］[法] 让·雅克·卢梭，于布礼等选编.卢梭作品精粹［M］.石家庄：河北教育出版社，1995.

［53］[美]E·博登海默.法理学：法律哲学与法律方法［M］.邓正来译.北京：中国政法大学出版社，2004.

［54］[德]马克斯·韦伯.经济与社会［M］.林荣远译.北京：商务印书馆，1997.

［55］[德]马克斯·韦伯.社会科学方法论［M］.韩水法等译.北京：中央编译出版社，2008.

［56］[日]美浓部达吉.公法与私法［M］.黄冯明译.北京：中国政法大学出版社，2003.

［57］[英]A·J·M 米尔恩.人的权利与人的多样性——人权哲学［M］.夏勇，张志铭译.北京：中国大百科全书出版社，1995.

［58］[英]卡罗尔·哈洛，理查德·罗林斯.法律与行政［M］.杨伟东等译.北京：商务印书馆，2004.

［59］[美]魏特夫.东方专制主义——对于极权力量的比

较研究［M］.徐式谷等译.北京：中国社会科学

出版社，1989.

［60］[法]孟德斯鸠.论法的精神［M］.张雁深译.北京：

商务印书馆，1982.

［61］[英]托马斯·潘恩.潘恩选集［M］.马清槐等译.北

京：商务印书馆，1981.

［62］[英]约翰·格雷.人类幸福论［M］.张草纫译.北

京：商务印书馆，1963.

［63］[美]戴维·波普诺.社会学［M］.李强等译.北京：

中国人民大学出版社，1999.

［64］[美]罗伯特·默顿.社会理论和社会结构［M］.唐

少杰，齐心等译.南京：译林出版社，2006.

［65］[英]杰拉德·德兰蒂.现代性与后现代性——知

识、权力与自我［M］.李瑞华译.北京：商务印

书馆，2015.

［66］[英]齐格蒙特·鲍曼.全球化——人类的后果

［M］.郭国良等译.北京：商务印书馆，2015.

［67］[加]查尔斯·泰勒.现代社会想象［M］.林曼红

译.南京：译林出版社，2014.

［68］[英]克里斯托弗·罗等.剑桥希腊罗马政治思想史
　　　［M］.晏绍祥译.北京：商务印书馆，2021.

［69］[英]马克·戈尔迪等.剑桥十八世纪政治思想史
　　　［M］.刘北成等译.北京：商务印书馆，2017.

［70］[英]特伦斯·鲍尔等.剑桥二十世纪政治思想史
　　　［M］.任军锋等译.北京：商务印书馆，2017.

［71］[美]安德鲁·海伍德.政治学的思维方式［M］.张
　　　立鹏译.北京：中国人民大学出版社，2018.

［72］[法]狄骥.公法的变迁［M］.郑戈译.北京：商务印
　　　书馆，2019.

［73］[美]戈登·塔洛克.官僚体制的政治［M］.柏克等
　　　译.北京：商务印书馆，2016.

［74］[英]伯纳德·克里克.民主［M］.史献芝译.南京：
　　　译林出版社，2018.

［75］[美]托马斯·潘恩.常识［M］.何实译.北京：华夏
　　　出版社，2004.

［76］[美]安东尼·刘易斯.言论的边界［M］.徐爽译.北
　　　京：法律出版社，2013.

［77］[英]阿克顿.自由史论［M］.胡传胜等译.南京：译

林出版社，2004.

［78］[澳]约翰・基恩.生死民主［M］.安雯译.北京：中央编译出版社，2016.

［79］[德]马克斯・韦伯.新教伦理与资本主义精神［M］.安雯，康乐等译.南宁：广西师范大学出版社，2008.

［80］[德]马克斯・韦伯.论经济与社会中的法律［M］.张乃根译.北京：中国大百科全书出版社，1998.

［81］[英]保罗・科利尔.战争、枪炮与选票［M］.吴遥译.南京：南京大学出版社，2018.

［82］[美]弗朗西斯・福山.国家构建：21世纪的国家治理与世界秩序［M］.郭华等译.上海：学林出版社，2017.

［83］[澳]吴逊等.公共政策过程：制定、实施与管理［M］.叶林等译.上海：上海人民出版社，2016.

［84］[美]塞缪尔・P.亨廷顿.变化社会中的政治秩序［M］.王冠华等译.上海：上海人民出版社，2014.

［85］[美]亨利・罗伯特.罗伯特议事规则［M］.袁天鹏

等译.上海：上海人民出版社，2014.

［86］[美]吉尔伯特·罗兹曼.中国的现代化［M］.国家
社科基金比较现代化课题组译.南京：江苏人民
出版社，2017.

［87］[美]斯科特·普劳斯.决策与判断［M］.施俊琦等
译.北京：人民邮电出版社，2016.

［88］[美]哈罗德·D.拉斯韦尔.权力与人格［M］.胡勇
译.北京：中央编译出版社，2013.

［89］[法]雷蒙·阿隆.社会学主要思潮［M］.葛秉宁
译.上海：上海译文出版社，2015.

［90］[美]潘成鑫.国际政治中的知识、欲望与权力：中
国崛起的西方叙事［M］.张旗译.北京：社会科
学文献出版社，2016.

［91］[美]熊彼特.资本主义、社会主义与民主［M］.吴
克峰等译.南京：江苏人民出版社，2017.

［92］[英]塞缪尔·E.芬纳.统治史［M］.马百亮译.上
海：华东师范大学出版社，2014.

［93］[美]西达·斯考切波.国家与革命——对法国、俄
国和中国的比较分析［M］.何俊志等译.上海：

上海人民出版社，2015.

［94］[意]安格鲁·帕尼比昂科.政党：组织与权力
　　　［M］.周建勇译.上海：上海人民出版社，2018.

［95］[澳]冯兆基.寻求中国式民主［M］.刘悦斌等译.南
　　　京：江苏人民出版社，2016.

［96］[美]戴维·P.霍顿.政治心理学：情境、个人与案
　　　例［M］.尹建武等译.北京：中央编译出版社，
　　　2013.

［97］[美]西摩·马丁·李普塞特.政治人：政治的社
　　　会基础［M］.郭为桂等译.南京：江苏人民出版
　　　社，2013.

［98］[美]塞缪尔·亨廷顿.文明的冲突与世界秩序的重
　　　建［M］.周琪等译.北京：新华出版社，2014.

三、论文

［1］莫于川.依宪治国执政方针下的大部制改革及其公
　　　法课题［J］.行政法学研究，2018(06).

［2］钱大军.立法权的策略配置与回归——一个组织角
　　　度的探索［J］.现代法学，2020(02).

［3］李丹阳.中国立法体制的调整与完善［J］.学术交流，2015(10).

［4］王贵松.论法律的法规创造力［J］.中国法学，2017(01).

［5］谢立斌.论国务院的职权立法权［J］.政法论坛，2018(06).

［6］徐娟.地方立法的治理功能及其有效发挥［J］.学术交流，2019(05).

［7］邓蔚.行政权的正当性证成——控权—服务论理论合理性［J］.行政法学研究，2008(01).

［8］罗豪才，崔卓兰.论行政权、行政相对方权利及相互关系［J］.中国法学，1998(03).

［9］王新艳.行政权的演化及启示［J］.四川行政学院学报，2006(03).

［10］王桂松.依法行政原理的移植与嬗变［J］.法学研究，2015(02).

［11］江必新，邵长茂.社会治理新模式与行政法的第三形态［J］.法学研究，2010(06).

［12］应松年，薛刚凌.论行政权［J］.政法论坛（中国

政法大学学报），2001(04).

［13］张树义，张凤云.现代行政权的概念及属性分析［J］.国家行政学院学报，2000(02).

［14］孙笑侠.司法权的本质是判断权——司法权与行政权的十大区别［J］.法学，1998(08).

［15］郑春燕.现代行政过程中的行政法律关系［J］.法学研究，2008(01).

［16］姜明安.公众参与与行政法治［J］.中国法学，2004(02).

［17］谭冰霖.环境行政处罚规制功能之补强［J］.法学研究，2018(04).

［18］江利红.行政监察职能在监察体制改革中的整合［J］.法学，2018(03).

［19］江凌.论政府法制监督的理论基础和意义［J］.行政法学研究，2013(03).

［20］刘莘.行政复议的定位之争［J］.法学论坛，2011(05).

［21］周汉华.行政复议司法化［J］.环球法律评论，2004,26(01).

［22］刘艺.构建行政公益诉讼的客观诉讼机制［J］.法学研究，2018(03).

［23］莫纪宏.国家监察体制改革要注重对监察权性质的研究［J］.中州学刊，2017（10）.

［24］翟志勇.论监察权的宪法性质——兼论八二宪法的分权体系［J］.中国法律评论，2018（01）.

［25］魏昌东.国家监察委员会改革方案之辨正：属性、职能与职责定位［J］.法学，2017(03).

［26］周磊.新民主主义革命时期行政监察法制的探索与实践［J］.国家行政学院学报，2016(05).

［27］徐汉明.国家监察权的属性探究［J］.法学评论:2018(01).

［28］韩大元.论国家监察体制改革中的若干宪法问题［J］.社会科学文摘，2017(07).

［29］夏金莱.论监察体制改革背景下的监察权与检察权［J］.政治与法律，2017(08).

［30］聂鑫.民国时期公务员惩戒委员会体制研究［J］.法学研究，2016(03).

［31］姜明安.国家监察法立法的若干问题探讨［J］.法

学杂志，2017(03).

［32］秦前红，刘怡达.监察全面覆盖的可能与限
度——兼论监察体制改革的宪法边界［J］.甘肃
政法学院学报，2017(02).

［33］谭世贵.论对国家监察权的制约与监督［J］.政法
论丛，2017(05).

［34］王贵松.论法律的法规创造力［J］.中国法学，
2017(01).

［35］谢立斌.论国务院的职权立法权［J］.政法论坛，
2018(06).

［36］谭家超.国家监察权设置的功能［J］.河南社会科
学，2017(06).

［37］陈瑞华.司法权的性质——以刑事司法为范例的
分析［J］.法学研究，2000(05).

［38］孙笑侠.司法权的本质是判断权——司法权与行
政权的十大区别［J］.法学，1998年(08).

［39］贺日开.司法改革：从权力走向权威——兼谈对
司法本质的认识［J］.法学，1999(07).

［40］王戬.不同权力结构模式中的司法权［J］.政治与

法律，2010(03).

［41］刘淑君.法官独立行使审判权探析［J］.甘肃政法
学院学报，2002(01).

［42］韩钢.司法权基本属性解析［J］.宁波大学学报
（人文社科版），2011(04).

［43］信春鹰.中国需要什么样的司法权力［J］.环球法
律评论，2002,24(01).

［44］胡锦光.论审判权的界限［J］.河南省政法管理干
部学院学报，2003(04).

［45］江必新.司法对法律体系的完善［J］.法学研究，
2012(01).

［46］陈卫东.我国检察权的反思与重构.法学研究，
2002(02).

［47］龙宗智.论依法独立行使检察权［J］.中国刑事法
杂志，2002(01).

［48］陈卫东，李训虎.检察一体与检察官独立［J］.法
学研究，2006(01).

［49］陈光中.比较法视野下的中国特色司法独立原则
［J］.比较法研究，2013(02).

权力论：现代权力的法律性质

［50］韩大元.宪法文本与检察机关的宪法地位［J］.法学，2007(09).

［51］王守安.论检察政策及其实施［J］.河南社会科学，2013(04).

［52］但伟.从检察政策的属性分析来解读新一轮检察改革的目标选择——以17年来最高检察机关颁行的检察政策为样本［J］.河南社会科学，2013(12).

［53］陈卫东.我国检察权的反思与重构——以公诉权为核心的分析［J］.法学研究，2002(03).

［54］郝银钟.检察权质疑［J］.中国人民大学学报，1999(03).

［55］龙宗智.论检察权的性质与检察机关的改革［J］.法学，1999(10).

［56］龙宗智.检察机关办案方式的适度司法化改革［J］.法学研究，2013(01).

［57］谢鹏程.论检察权的性质［J］.法学，2000(02).

［58］孙谦.中国的检察改革［J］.法学研究，2003(02).

［59］石少侠.论我国检察权的性质——定位于法律监

督权的检察权［J］.法制与社会发展，2005(03).

［60］朱孝清.中国检察制度的几个问题［J］.中国法学，2007(02).

［61］王戬.不同权力结构模式中的"司法权"——以另一视角分析检察权［J］.政治与法律，2010(03).

［62］张智辉.中国特色检察制度的理论探索——检察基础理论研究30年述评［J］.中国法学，2009(03).

［63］朱孝清.检察理论研究30年的回顾和展望［N］.检察日报，2008/08/28、29.

［64］曹建明.把思想和行动统一到全会精神上来 为全面深化改革提供有力司法保障［J］.法律与监督，2013(11).

［65］张智辉.司法改革：问题与思考［J］.国家检察官学院学报，2013(05).

［66］张学武.检察权性质辨析——审视宪法第129、131条之规定［J］.东岳论丛，2008(04).

［67］谢佑平，燕星宇.我国检察权性质的复合式解读

〔J〕.人民检察，2012(09).

[68] 孙谦.中国的检察改革〔J〕.法学研究，2003(06).

[69] 韩大元.关于检察权性质的宪法文本解读〔J〕.人民检察，2005(13).

[70] 韩旭.检察官履行客观义务的程序保障——基于新《刑事诉讼法》实施的考量〔J〕.江苏行政学院学报，2013(01).

[71] 龙宗智.中国法语境中的检察官客观义务〔J〕.法学研究，2009(4).

[72] 孙长永.检察官客观义务与中国刑事诉讼制度改革〔J〕.人民检察，2007(17).

[73] 陈雷.检察官的客观义务比较研究〔J〕.国家检察官学院学报，2005(04).

[74] [日]松本一郎.检察官的客观义务〔J〕.郭布，罗润麒译.法学译丛，1980(02).

[75] 陈光中，龙宗智.关于深化司法改革若干问题的思考〔J〕.中国法学，2013(04).

[76] 刘忠."命案必破"的合理性论证：一种制度结构分析〔J〕.清华法学，2008(02).

［77］谢鹏程.检察改革五年的回顾与展望［J］.法学，2009(04).

［78］陈卫东.新刑事诉讼法从九个方面规范强化检察监督［N］.检察日报，2012/04/01.

［79］汤维建.民事检察监督制度的定位［J］.国家检察官学院学报，2013 (02).

［80］蒋惠岭.廉洁司法的期许与路径［J］.财经，2013(15).

［81］[法]马克·让·克洛德.寻找检察改革的突破口［J］.代秋影译.法制资讯，2013(09).

［82］吴筠.行政权初论［D］.武汉大学，2004.

四、其他

［1］邹碧华.庭前的思考：邹碧华学术论文集［C］.北京：人民法院出版社，2015.

［2］《中国高端智库》丛书编写组编.政治建设——加强民主政治制度建设，塑造民主政治中国版［C］.北京：中国文史出版社，2014.

［3］聂智琪等编.代表理论：问题与挑战［C］.广州：

广东人民出版社，2018.

［4］王续添等编.代表制与国家治理［C］.北京：社会科学文献出版社，2018.

［5］李明征等编.政府立法共同性问题研究［C］.北京：中国法制出版社，2018.

［6］郑春燕等编.立法前沿［C］.杭州：浙江大学出版社，2017.

［7］王保民等编译.立法法理学——立法学前沿理论［C］.北京：法律出版社，2019.

［8］许章润等编译.国家理性与现代国家［C］.北京：清华大学出版社，2012.

［9］许章润等编.国家理性［C］.北京：法律出版社，2010.

［10］许章润等编.优良政体［C］.北京：法律出版社，2012.

［11］武增.中华人民共和国立法法解读［Z］.北京:中国法制出版社，2015.

［12］李林，莫纪宏主编.中国宪法三十年［Z］.北京：社会科学文献出版社，2012.

［13］陈晋主编.毛泽东读书笔记精讲［Z］.南宁：广西人民出版社，2017.

［14］英国DK出版公司著，张乎安等译.政治学百科［Z］.北京：电子工业出版社，2018.

［15］姜明安主编.公法理论研究与公法教学［Z］.北京：北京大学出版社，2009.

［16］胡建淼主编.外国公法译介与移植［Z］.北京：北京大学出版社，2009.

［17］马怀德主编.行政诉讼制度的发展历程［Z］.北京：北京大学出版社，2009.

［18］李华楠等主编.法治政府建设与司法监督实践——深圳行政审判案例评析［Z］.深圳：海天出版社，2011.

后　记

本书是我对公共权力课题进行长期观察、思考、研究的阶段性总结，也可谓以"权力及其法律性质"为题的论文集，每一篇都具有相对的独立性，尽管从全书看是对执政党领导下的人大产生"一府一委两院"权力格局的系统性理论阐述。从自己的写作规划看，这是我的"权力论三部曲"的第一部，无论读者评价如何，它确是耗尽我几乎近十年工作之余的绝大部分时间和精力的一本小书。

我一直以为，地球人类在浩瀚的宇宙中可能不比一粒尘埃更值得关注，但在这个蓝色星球上，我们自称为万物之灵也不为过。人类之所以伟大，原因之一在于其具有善良、自律、理性、合作的品质和拥有自己的信仰。善良首先是自己内心的丰足，其次才是与人为善、相互尊重、相互帮助，最后可能达到天下至善。这大概可以从一个人之所以奋斗的动机和为之奋斗的事业性质作出判断；自律者享有自由；理性不是日日的算计，更不是锱铢必较的小心眼。理性是利益与负担的公平感，是对人性黑白的宽容与坚持，是经济人与道德人的辩证法。理性是少年的我命由我不由天，也是劳碌半生、尽人事听天命之后的生死有命，富贵在天（乐天知命）；合作才会繁荣和出彩；信仰，无论过去和现在，都是一种超乎想象的力量。信仰（belief）是个人或集体假定或认定某种教义、理论或学说为正确的内在思想状态。有宗教信仰如信仰佛教、基督教、伊斯兰教等（这些教派往往涉及不同的个性化的超自然存在如释迦牟尼佛、上帝、耶稣、真主安拉等），也有主义信仰如信奉某个理论或学说的，尽管与世俗的经验有许多不符合，或者需要长期修养，或者需要几代人的努力。政治信仰试图唤醒人的精神境界和格局，同时用某种理论或学说指导自己的政治实践，如夺取政权、巩固政权、治国理政等活动。人是需要有信仰的，不仅是生存与发展的策略，也是生命演化的必然和人生意义的核心。可以说，"将权力关进制度的笼子里"不仅是人类的善良期望，更是自律和理性的一种集中体现，或许还是一种政治和法治信仰。

希望本书对权力法治化、法治现代化有些许意义，进而为我国国家治理体系和治理能力现代化的宏伟目标添砖加瓦。